Jim und Sally Conway

Mach was draus

Die Chancen der mittleren Jahre

Oncken Verlag Wuppertal und Kassel

ABCteam

ABCteam-Bücher erscheinen in folgenden Verlagen:

Aussaat- und Schriftenmissions-Verlag Neukirchen-Vluyn
R. Brockhaus Verlag Wuppertal und Zürich
Brunnen Verlag Gießen (und Brunnquell Verlag)
Christliche Verlagsanstalt Konstanz (und Friedrich Bahn
Verlag/Sonnenweg-Verlag)
Christliches Verlagshaus Stuttgart (und Evangelischer
Missionsverlag)
Oncken Verlag Wuppertal und Kassel

© 1987 by Jim and Sally Conway
Die amerikanische Originalausgabe erschien unter dem Titel
»Maximize Your Mid-Life« bei Tyndale House Publishers, Inc.,
Wheaton, Illinois

Deutsch von Christiane Maikranz

© 1988 der deutschen Ausgabe:
Oncken Verlag Wuppertal und Kassel
Umschlaggestaltung: Carsten Buschke, Solingen
Umschlagfoto: Masterfile – ZEFA, Düsseldorf
Gesamtherstellung: Breklumer Druckerei Manfred Siegel KG
ISBN 3-7893-3365-4

INHALT

Kapitel 1

Die mittleren Jahre: Krise oder Übergang?

Am liebsten hätte ich mich unter meinem Bett verkrochen. Wäre ich doch bloß nicht mehr hier!

Ich war so niedergeschlagen. Wie gerne hätte ich mit meinem Mann gesprochen; aber der lag da in seinem Bett und war im Begriff, einzuschlafen. Außerdem wußte ich nicht, wie ich es sagen sollte, ohne ihn zu verärgern.

Natürlich, so redete ich mir gut zu, er hatte schließlich viel zu tun, und morgen würde es wieder anstrengend für ihn werden. Er mußte seinen Schlaf haben, also konnte ich nicht erwarten, daß er sich mit meinen Problemen befaßte. Und wenn wir schon mal miteinander sprachen, konnte ich ihm anscheinend nicht begreiflich machen, worum es mir ging. Irgendwie wurde ich immer verwirrter und frustrierter, und das Ende vom Lied: wir bekamen Streit. Auch ich hatte morgen einen anstrengenden Tag – wie immer – aber mein Alltag schien sich in einer völlig anderen Welt abzuspielen.

Sicher, ich würde zur gleichen Zeit aufstehen wie sonst. Ich würde Jim und den Mädchen beim Start in den Tag helfen und mich dann auf meine Hausarbeit stürzen. Außerdem mußte ich einige Telefonate wegen eines für das Wochenende geplanten Treffens erledigen, einige Besorgungen machen, einen Geburtstagsbrief schreiben, ein paar Verabredungen einhalten und das Abendessen vorbereiten. Abends mußten unsere drei Töchter pünktlich zu diversen Veranstaltungen gebracht werden, der Hund müßte noch mal nach draußen – und ich würde bei alledem noch ein schlechtes Gewissen haben, weil ich keine Zeit hatte, mich intensiver um eine kranke Freundin zu kümmern. Wenn die Mädchen im Bett lagen, mußte ich noch ein paar Kleinigkeiten erledigen, bevor Jim von einer Sitzung nach

Hause kam. Dann würden wir beide todmüde ins Bett fallen.

Und dann würde diese quälende innere Unruhe, die ich schon den ganzen Tag lang immer wieder gespürt hatte, stärker werden. Wie gerne hätte ich mit Jim darüber gesprochen und mit seiner Hilfe versucht, diese Beklommenheit loszuwerden. Schließlich hörte er sich den ganzen Tag lang anderer Leute Probleme an und versuchte, gute Ratschläge zu geben. Man überhäufte ihn mit Lob und Anerkennung für seine Klugheit und Hilfe – warum bloß half er mir dann nicht? Manchmal tat er es ja; für mein Empfinden beschäftigte er sich aber weitaus mehr mit seiner Arbeit. Ich fühlte mich übergangen und nutzlos, wie ein ausrangiertes altes Möbelstück.

Bei diesen Gedanken überkam mich eine Welle des Selbstmitleids; direkt danach schlug eine noch größere Welle von Eifersucht über mir zusammen. Und bevor ich mich wieder davon erholt hatte, schoß eine dritte Welle auf mich zu: das Gefühl, schlicht und einfach abgelehnt zu werden – und das schmerzte ungeheuer. Ein altes Möbelstück – ja, ich fühlte mich wie ein abgenutztes, verschlissenes altes Möbelstück.

Aber ich wollte nicht in dieses dunkle Loch fallen! Zugegeben: Oft hatte ich nur den einen Wunsch, einfach nicht mehr da zu sein. Aber was ich wirklich wollte, war, diese ganze innere Verwirrung zu verarbeiten und wieder so zufrieden und glücklich zu leben, wie ich es eigentlich können sollte. Ein Teil von mir *war* glücklich, aber der weitaus größere Teil meines Ichs fühlte sich elend, und ich wußte nicht einmal, warum.

Solche Gedanken und Gefühle waren, mehr oder weniger stark, in der zweiten Hälfte meines dritten Lebensjahrzehnts an der Tagesordnung. Zwischen meinem 37. und 39. Lebensjahr erreichte meine Niedergeschlagenheit eine besonders kritische Phase. Jim und ich waren der Meinung, dies sei eines meiner ganz individuellen Persönlichkeitsprobleme – irgendeine Schrulle, an der ich arbeiten mußte. Jetzt aber ist uns beiden klar: Das Problem bestand darin, daß ich den Übergang in die mittleren Jahre erlebte.

Was sind das: die mittleren Jahre?

Die Lebensmitte liegt irgendwo zwischen dem 33. und dem 70. Lebensjahr – die Antworten von Sozialwissenschaftlern und Laien fallen da recht unterschiedlich aus.

Erst in unserem Jahrhundert werden die Menschen so alt, daß sie diese mittleren Jahre überhaupt voll erleben können. Noch um 1900 herum lag die Lebenserwartung der Männer bei nur 48, der Frauen bei 51 Jahren; lediglich 10 Prozent der Bevölkerung war mittleren Alters. Heute liegt das Durchschnittsalter der arbeitenden Bevölkerung bei über 45 Jahren. Die Gesamtbevölkerung unseres Landes ist im vergangenen Jahrhundert um 100 % angestiegen; die Zahl der Männer und Frauen mittleren Alters sogar um 200 %.[1]

Die mittleren Jahre des Lebens sind eine Zeit, in der eine ganze Reihe bedeutender Veränderungen eine Neubesinnung erfordern. Man hinterfragt sein bisheriges Leben aber nicht einfach deshalb, weil man 36 oder 39 Jahre wird. Der Grund liegt auch nicht etwa in einer langweilig gewordenen Ehe oder in einem traumatischen Verlust irgendeines wichtigen Lebensbereichs. Vielmehr scheint das Zusammentreffen mehrerer Faktoren dafür verantwortlich zu sein, daß es zu dieser Neubesinnung kommt.

Hier eine Auswahl einiger Streßfaktoren:

1. Die Sicht der heutigen Gesellschaft und Kultur von Jugend und Alter.

2. Eine unglückliche Ehe oder das Fehlen eines Partners.

3. Die Midlife-Krise des Ehepartners.

4. Die von den Kindern gestellten Forderungen und ihre wachsende Unabhängigkeit.

5. Starke berufliche Anforderungen.

6. Eine Häufung traumatischer Verluste, z.B. durch Tod, Krankheit oder Altern.

7. Der zunehmende innere Drang, bestimmte Lebensträume noch zu verwirklichen.

8. Zwingendes inneres Bedürfnis, die Vergangenheit zu überdenken und die Zukunft zu planen.

Unterschiede zwischen Männern und Frauen in der Mitte des Lebens

In der Mitte des Lebens sind die Probleme bei Männern und Frauen in einigen Bereichen sehr ähnlich. Beide Geschlechter sind z.B. beeinflußt durch die Betonung der Jugend in unserer westlichen Zivilisation, beide werden sich ihres physischen Alterungsprozesses bewußt. Trotzdem sind in vielen Bereichen große Unterschiede festzustellen.

Karriere. Der Mann in der Mitte des Lebens fragt sich: »Warum arbeite ich überhaupt? Was habe ich erreicht? Wie kann ich mit meiner Energie besser haushalten, oder wie kann ich sie kanalisieren, um bedeutungsvollere berufliche Ziele zu erreichen?« Die Frau in der Mitte des Lebens fragt sich dagegen: »Wann kann ich wieder berufstätig werden? Welche berufliche Laufbahn strebe ich an?« Sie fragt sich, ob sie nicht vielleicht noch einmal die »Schulbank drücken« sollte, um irgendeinen Abschluß oder ein Examen zu Ende zu bringen. Sie besucht Seminare. Kurzum: Sie fängt jetzt erst so richtig an, ihre Karriere aufzubauen.

Intime Beziehung. Zu Anfang seiner Ehe war der Mann sexuell aktiv, um die Ehe zu gründen und zu festigen; aber dann wandte er sich wieder stärker seiner Karriere zu. In der Zeit, als die Kinder noch im Haus waren, stand seine berufliche Laufbahn im Mittelpunkt seines Lebens. Jetzt, wo er in die Midlife-Krise kommt, fängt der Mann an, über seine verlorengegangenen persönlichen Beziehungen nachzudenken, besonders über die Beziehung zu seinen Kindern. Außerdem möchte er in seiner Frau eine Freundin und eine Geliebte haben, nicht nur die Mutter seiner Kinder und Haushälterin.

Die Frau in der Mitte des Lebens tauscht oftmals Intimität gegen wachsende, selbstbewußte Aktivität aus. Sie steckt sich klare Ziele und setzt sich mit Energie für deren Erreichung ein. Manchmal opfert eine zielorientierte Frau einige der früheren Qualitäten ihres Intimlebens, um ihre Lebensziele zu erreichen. Vielleicht macht sie eine Weiterbildung. Sie hat viel nachzuholen, und wenn sie am Abend erschöpft ist und einfach nicht mehr reden kann – nun ja, dann muß das Gespräch eben bis zum nächsten Tag warten.

Selbstbewußtsein. Der Mann in der Mitte des Lebens ist während der gesamten Zeit seiner Ehe bisher die treibende Kraft und der Kämpfer gewesen – nun beginnt die Phase, in der er ruhiger wird. Er fängt an, sich gegen Anforderungen zu wehren, er legt die Füße hoch und will das, was er erreicht hat, genießen. Er will ein paar zusätzliche Ferientage. »Laß uns doch für ein verlängertes Wochenende wegfahren.« »Laß es uns doch gemütlich machen.«

Die Frau in der Mitte des Lebens geht genau in die andere Richtung. »Ich will noch viel lernen und erreichen. Ich kann's kaum erwarten. Endlich habe ich wieder Zeit, um was für mich zu tun. Komm, wir fangen was Neues an!«

Das Verhältnis zur Familie. Bis jetzt hat der Mann in der Mitte des Lebens seine Familie vernachlässigt, da er sich ganz auf seinen Beruf konzentriert hat. Jetzt tut ihm das leid, und er plagt sich mit Schuldgefühlen herum. Er wünscht sich, einige der vergangenen Jahre noch einmal erleben zu können. Einer sagte: »Im Beruf habe ich wirklich Erfolg – aber dafür habe ich meine Kinder verloren.«

Die Frau in den mittleren Jahren hat den größten Teil ihrer Zeit mit ihrer Familie verbracht. Sie ist jetzt bereit für neue Herausforderungen. Dies bedeutet nicht, daß ihr die Familie gleichgültig wird – aber sie nimmt eine weniger wichtige Stellung ein.

Sexualität. In den mittleren Jahren ist die sexuelle Leistungsfähigkeit eine der größten Sorgen des Mannes. Das Tempo seiner sexuellen Aktivitäten ist langsamer als in den Jahren seiner größten sexuellen Leistungsfähigkeit um die zwanzig. Es dauert länger bis zur Erektion und zum Samenerguß. Aber der Mann um die Vierzig ist bei weitem der bessere Liebhaber. Er kennt die Bedürfnisse seiner Frau viel genauer, und die Tatsache, daß er mehr Zeit braucht, trägt zu einer viel erfüllteren sexuellen Beziehung bei.

10

Die Frau in den mittleren Jahren erfährt im Gegensatz zu ihrem Mann ein neues Erwachen ihrer Sexualität. Das sexuelle Verlangen wird stärker, sie wird fordernder, erlebt häufiger und schneller einen Orgasmus. Mit anderen Worten: Die Frau erlebt in der Mitte ihres Lebens den Höhepunkt ihrer Sexualität.

Konfrontation mit dem Tod. Bei den Männern zwischen 40 und 50 ist ein sprunghaftes Ansteigen plötzlicher Todesfälle zu verzeichnen, z.B. durch Herzinfarkt. Ein Mann denkt über Leben und Sterben nach – fragt sich, wie lange er wohl noch leben wird – wieviel Zeit er wohl noch hat, um seine Ziele zu erreichen – was wirklich zählt im Leben. Er wird mit seiner eigenen Sterblichkeit konfrontiert.

Die Frau in der Mitte des Lebens denkt nicht viel über den Tod nach. Frauen leben im Durchschnitt länger als Männer, und der Schrecken eines plötzlichen Todes durch Herzversagen und andere Krankheiten treten in der Erfahrungswelt der Frau meist erst nach den Wechseljahren ein. Der Mann beschäftigt sich gewissermaßen mit dem Tod und fragt sich, wann sein Leben enden wird, während seine Frau sagt: »Für mich fängt das Leben jetzt erst richtig an!«

»Midlife – ein westliches Problem?«

»Der Übergang in die mittleren Jahre stellt in den westlichen Ländern ein größeres Problem dar als anderswo. Dies liegt an der Beschaffenheit unserer Gesellschaft. Wir Amerikaner sind ein äußerst dynamisches, erfolgs- und zukunftorientiertes Volk. Wir belohnen Jugend, Pragmatismus und Produktivität. Unbewußt oder bewußt grenzen wir die Menschen mittlerer Jahre und die altgewordenen Menschen aus.«[3]

Muß es unbedingt zu einer Krise kommen?

Manchmal werde ich gefragt, was den Übergang in die Mitte des Lebens von der Krise der Lebensmitte unterscheidet. Übergang bedeutet, daß sich eine Person von einem Lebensstadium zum anderen bewegt. Solche Übergänge finden mehrmals im Leben statt, z.B. vom Kind zum Jugendlichen oder vom Erwachsenen in der Mitte des Lebens zum Erwachsenen gereiften Alters. Wenn man diese Prozesse richtig versteht und sich darauf vorbereitet, kann man sie bestehen, ohne daß sie zu einer übergroßen Belastung werden.

Wenn allerdings mehrere Streßfaktoren zusammenkommen, kann daraus eine wirkliche Krise werden.

Jeder Mann und jede Frau durchlaufen das Stadium vom jungen Erwachsenen zum Erwachsenen mittleren Alters. Nicht alle erleben dabei eine Krise. Unsere Studien zeigen allerdings, daß mehr als zwei Drittel der Frauen und rund 75 bis 80 % der Männer bei uns eine Midlife-Krise haben. Dies bedeutet, daß sie sich in einem bestimmten Zeitraum ihres Lebens nicht so verhalten, wie sie es sonst tun. Dies führt schließlich dazu, daß sie ihr Leben neu ausrichten und ihre Wertmaßstäbe und Ziele ändern.

Bewältigung der Krise

Die Midlife-Krise kann überwunden werden, wenn man sich jede der angstmachenden Veränderungen systematisch vornimmt und eine befriedigende Lösung erarbeitet. Hier einige Vorschläge:

1. *Nehmen Sie sich Zeit, darüber nachzudenken*, wer Sie sind, woher Sie kommen, welche Werte Ihnen in der Vergangenheit wichtig waren und welche Ereignisse Ihr Leben momentan beeinflussen. Diese Zeit der Besinnung gibt Ihnen die Möglichkeit, Ihre nächsten Entscheidungen wohl-

Sind Sie in einer Krise?

ja nein

☐ ☐ Es fällt mir schwer, größere oder kleinere Entscheidungen zu fällen.

☐ ☐ Ich habe oft Tagträume oder Phantasien, die sich um den Wunsch drehen, »allem zu entfliehen«.

☐ ☐ Ich rauche oder trinke in letzter Zeit verstärkt.

☐ ☐ Ich bin oft gedankenverloren, während ich rede oder schreibe, und verliere den Faden.

☐ ☐ Ich mache mir ständig um alles große Sorgen.

☐ ☐ Ich kann mich oft nicht beherrschen und habe unkontrollierte Wutausbrüche.

☐ ☐ Ich mißtraue meinen Freunden und meiner Familie und hinterfrage ihre Motive.

☐ ☐ Ich habe in den vergangenen Wochen einige Verabredungen oder wichtige Termine vergessen.

☐ ☐ Ich bin oft grüblerisch oder habe phasenweise starke Minderwertigkeitsgefühle.

☐ ☐ Ich verhalte mich in einer für mich sehr ungewöhnlichen Weise.

Wenn Sie ein oder zwei der Fragen mit ja beantworten, dann stehen Sie am Beginn einer Streßphase. Wenn Sie mehrmals mit ja antworten, befinden Sie sich möglicherweise kurz vor einer Krise.[4]

überlegt zu treffen und abzuwägen, wie sich diese Entscheidungen auf Ihr Handeln, auf die Ereignisse in Ihrem Leben und auf Ihre Wertmaßstäbe auswirken.

2. *Suchen Sie sich eine Gruppe von Menschen, mit denen Sie reden können.* Manchmal ist ein Gespräch unter vier Augen gut; manchmal braucht man eine Gruppe, in der über Dinge gesprochen werden kann, die alle gleichermaßen betreffen. Durch den Austausch mit anderen Menschen haben Sie die Möglichkeit, Ihre eigenen Überlegungen zu überprüfen, Ihre Gefühle zur Sprache zu bringen und zu erfahren, wie andere Menschen auf dieselben Veränderungen reagieren.

3. *Suchen Sie sich Quellen, aus denen Sie Informationen und Anregungen schöpfen können.* Sie müssen wirklich etwas über die mittleren Jahre und die damit verbundenen Veränderungen wissen. Sie sollten Bücher zu diesem Thema lesen und daneben mit anderen Menschen reden. Wenn Sie keine Anregungen von außen bekommen, besteht die Gefahr, daß Sie im »eigenen Saft schmoren«, was leicht zu Depressionen führt.

4. *Lassen Sie Gott in Ihre Krise hinein.* Die unter 1. bis 3. genannten Vorschläge werden ein sehr viel effektiveres Ergebnis haben, wenn Sie in allem Gott die Mitte sein lassen. Um es ganz deutlich zu sagen: Gott hat Sie geschaffen. Er hat schon Millionen von Menschen durchs Leben geleitet, und er ist es, der Ihnen hier und jetzt Einsichten für Ihr Leben schenken kann, die von entscheidender Bedeutung sind. Um es mit einem Bild auszudrücken: Gott möchte an Bord Ihres Lebens kommen und das Steuer übernehmen. Sie können ihn bitten, dies zu tun.

Wir wollen uns das ganz praktisch vorstellen. Wenn Sie morgens aufstehen, dann sagen Sie ihm: »Gott, die Welt um mich herum scheint wie ein Strudel zu sein. Ich weiß nicht, ob mein Weg richtig ist. Ich weiß nicht, wie ich ans Ziel kommen soll. Benutze du alles, was um mich herum geschieht, und bringe Menschen und neue Gedanken in

mein Leben, die mir helfen, den richtigen Weg zu finden.«
Nehmen Sie sich danach Zeit, um in der Bibel zu lesen.
Wenn Sie das zum erstenmal tun, dann beginnen Sie am
besten mit dem Johannesevangelium. Sie brauchen es
nicht in einem Tag zu lesen! Beginnen Sie mir einem Kapitel oder ein paar Versen. Bitten Sie Gott: »Gib mir eine
neue Perspektive, neue Einsichten, die mich auf den richtigen Weg bringen.«

Wenn Sie mit dem Johannesevangelium fertig sind, lesen Sie das ganze Neue Testament – vom Anfang bis zum
Buch der Offenbarung. Vielleicht haben Sie danach Interesse an den Psalmen und Sprüchen. Beten Sie jeden Tag:
»Gott, du weißt, wie mir zumute ist; schenke mir Gedanken und Einsichten, die hilfreich sind. Schicke du die Menschen, die ich brauche, in mein Leben. Hilf mir in Zeiten
der Besinnung, das Richtige zu denken.« Damit bitten Sie
Gott, Ihr Leben in seine Hand zu nehmen, oder mit anderen Worten, der Kapitän Ihres Lebensschiffs zu sein.

Meine Frau und ich sind nachts bei leichter Brise und
sternklarem Himmel gesegelt. Der Mond spiegelte sich im
Wasser. Eine solche Nacht strömt einen so stillen Frieden
und eine solche Schönheit aus, wie man sie am Tag niemals
erleben wird. Aber man muß wissen, daß man auf richti-
gem Kurs ist. Darin liegt der ganze Unterschied. Gott kann
Ihnen diese Sicht und diesen Frieden geben, auch in den
»Nächten« Ihres Lebens.

Kapitel 2

Der Mann in seinen mittleren Jahren

Ich (Jim) hatte nicht damit gerechnet, in die Midlife-Krise zu kommen. Ich kannte mich bestens auf dem Gebiet aus und hatte bereits vielen anderen Menschen geholfen, diese Phase ihres Lebens zu meistern. Ich hatte eine wirklich intakte Familie, und meine Frau und meine Töchter liebten mich sehr. Ich hatte mich ständig weitergebildet, war Magister der Theologie und Psychologie und stand kurz vor der Verleihung der Doktorwürde. Mein Dienst in der Gemeinde verlief erfolgreich, meine persönlichen Beziehungen waren positiv. Jede Woche bekam ich Briefe, die mir bestätigten, daß mein Dienst für viele problembeladene Menschen eine ganz konkrete Hilfe gewesen war. Ich hatte verschiedene Male im Ausland gewirkt, und meine Artikel wurden landesweit in Zeitschriften veröffentlicht.

Ich rechnete nicht mit einer Midlife-Krise. Aber dann wurde ich fünfundvierzig, und plötzlich schien dadurch meine ganze Welt zusammenzubrechen. Zur gleichen Zeit erhielt ich die Nachricht, daß einer meiner engsten Freunde im Alter von 36 Jahren nach einem schweren Herzinfarkt gestorben war. Dabei hatten mein Freund und ich ein paar Monate später nach Indien gehen sollen, um dort mit einem Schulungsprogramm für Südostasien zu beginnen.

Ich fragte mich: »Was soll das Leben überhaupt? Warum leben, wenn wir doch sowieso sterben müssen?« Ich durchlebte eine immer tiefer werdende Schwermut. Ich fragte Sally: »Warum lebe ich überhaupt? Warum haben meine Eltern nicht einfach einen anderen Menschen zur Welt gebracht?« Ich saß zeitweise stundenlang da, starrte aus dem Fenster und sagte zu mir selbst: »Das Leben ist wirklich die größte Zeitverschwendung, die ich mir nur vorstellen kann.«

Befand ich mich wieder in einer dieser langen Depressionsphasen, dann war ich wütend auf die Gesellschaft, auf das Leben an sich und auf Gott, weil er das Leben geschaffen hatte. Mich plagten ganz irrationale Ängste: daß ich meinen Arbeitsplatz verlieren würde, daß ich für das Leben als solches unnütz war und daß jedermann in meinem Alter überhaupt nur noch dazu taugte, sich begraben zu lassen.

Männliche Wechseljahre?

Man hat schon Vermutungen darüber angestellt, daß es vielleicht auch bei Männern eine hormonelle Veränderung, also ein Klimakterium geben könnte, da die emotionalen Schwankungen bei Männern ähnlich sind, wie bei den Frauen: Selbstmitleid, Hoffnungslosigkeit, Traurigkeit, Depressionen und Gereiztheit. Alle bisherigen Untersuchungen sagen aber, daß es kein männliches Klimakterium gibt. Es gibt keine allgemeine biologische Veränderungen im Körper des Mannes, die diese emotionalen Krisen hervorrufen könnte. Wenn wir allerdings von »männlichen Wechseljahren« als einem »Wendepunkt« sprechen, dann existiert so etwas in der Tat.[6]

Die Symptome

Martha Lear faßt einige der Belastungen zusammen, die der Mann in der Midlife-Krise erlebt. »Die Höhe der Hormonproduktion sinkt, die sexuelle Kraft läßt nach ... die Kinder verlassen das Haus, die Eltern sterben, die beruflichen Perspektiven sind nahezu ausgeschöpft, die Freunde haben ihren ersten Herzinfarkt; die Vergangenheit zieht vorüber in einem Nebel unerfüllter Hoffnungen, und die Zukunft ist nichts anderes als eine Konfrontation mit der eigenen Sterblichkeit.«[5] Jeder Mann geht ganz individuell mit diesen Belastungen um, seine persönlichen Reaktionen auf die Jahre der Lebensmitte sind anders als die anderer Männer. Einige Männer ziehen sich in die Stille und die Selbstbeobachtung zurück. Andere vollziehen nach außen hin drastische Veränderungen.

Einige frühe Anzeichen einer Midlife-Krise sind *Veränderungen der Persönlichkeit.* Ein Mann kann z.B. ungewöhnlich mürrisch und reizbar werden. Er meint, alle anderen irrten sich und machten alles falsch. Er nörgelt in extremer Weise an seiner gesamten Umwelt herum und ist dabei der Meinung, er allein befinde sich im Recht.

Oftmals *ändert sich der Lebensstil.* Mein Vater, der ein »Arbeitstier« ersten Grades war, kaufte sich plötzlich ein Flugzeug und verließ oft mitten am Tag seinen Schreibtisch, um sich ans Steuer seiner Maschine zu setzen. Anderen Männern wird ihr Körper sehr wichtig. Sie legen sich neue Hobbies zu, betreiben einen neuen Sport und tauschen unter Umständen ihre geräumige alte »Familienkutsche« gegen einen rasanten roten Porsche.

Die Feinde

Der Mann in den mittleren Jahren kommt oft zu dem Schluß, daß er einige Feinde hat. Wenn er die nur loswerden könnte, ließe es sich leichter leben.

Der erste Feind ist sein *Körper* – dieser schlaffe Fleischklumpen im Spiegel. Wenn er wieder »in Form« käme, würde er sich besser fühlen. Der Mann erinnert sich an das Tennismatch neulich mit einem jungen Mann aus seinem

Büro. Sein Gehirn befahl seinem Arm: »Los, hol den Ball! Streck dich! Pack ihn!« Aber sein Körper stand bloß da und sprach: »Du machst wohl Scherze!« Irgendwie mußte er was für seinen Körper tun – so konnte es nicht weitergehen!

Ein zweiter Feind ist die *Arbeit.* »Eine alarmierende Zahl von 40 % aller befragten Männer des mittleren Managements und 52 % der befragten des gehobenen Managements geben zu, daß sie ihre Arbeit bestenfalls unbefriedigend finden.«[7] Es gibt viele Gründe, weshalb ein Mann seine Arbeit als unbefriedigend ansieht, aber letztlich lassen sich die meisten Gründe in einer zentralen Ursache zusammenfassen: Das Interesse, die Ziele, Wertvorstellungen und Fähigkeiten des Mannes lassen sich nicht mit seiner Arbeit vereinbaren.

Gleichzeitig fühlt sich der Mann in den mittleren Jahren aber an seinen Beruf gekettet, weil er das Geld braucht, um die Klavierstunden, die Zahnspangen und das Studium der Kinder zu bezahlen. Er weiß auch, daß er, wenn er jetzt »aussteigt« oder den Beruf wechselt, nicht nur mit weniger Geld und dem Verlust anderer Vorteile rechnen muß, sondern auch damit, daß er keine neue Arbeitsstelle findet. Und er fragt sich, was er ändern könnte, damit ihm sein Beruf wieder Freude macht, und wie er dabei gleichzeitig all seinen Verpflichtungen nachkommen kann.

Wenn der Mann in den mittleren Jahren ist, braucht seine Familie meist das größte Haus, die meisten Autos und hat wahrscheinlich die höchsten Ausgaben. Es kann schnell passieren, daß ein Mann in der Midlife-Krise seine *Frau und Kinder* als den dritten Feind betrachtet. Er sieht in ihnen den Grund, weshalb er an seinen Job gekettet ist; sie hindern ihn daran, zu tun, was er viel lieber täte. Seine Verpflichtungen sind zu groß, als daß er »aussteigen« könnte, um am Strand entlang zu wandern, irgendwelche verrückten Jobs anzunehmen, Bilder zu malen oder zu segeln.

In *Gott* sieht er den vierten Feind. Gott ist für ihn der große Ankläger, der einen Zeigefinger auf ihn richtet und sagt: »Du verachtungswürdiger, schändlicher Christ! Du bist das schlimmste Exemplar eines erwachsenen Mannes. Du bist selbstsüchtig. Du bist ein Lüstling. Du bist faul. Du bist verabscheuungswürdig!« Der Mann in den mittleren Jahren sieht in Gott nicht nur den Ankläger; für ihn ist Gott einfach auch unfair. Der Mann beschwert sich: »Du hast mich schließlich so gemacht. Du hast das Leistungsstreben in mich hineingelegt. Du gabst mir diese starken sexuellen Triebe. Du hast mich als vergängliches Wesen geschaffen, das alt wird und stirbt. Und jetzt sagst du: ›Füge dich da hinein. Lebe damit. Wenn du aus der Rolle fällst oder schlechte Dinge denkst, ist es aus mit dir!‹ Das ist einfach unfair!«

Der Mann in der Midlife-Krise beschäftigt sich mit etwas, das man in der Fachsprache »Projektion« nennt. Er sieht seine Probleme nicht als seine eigenen an, obwohl es sich um seinen Körper, seinen Beruf, seine Frau und Familie oder seine Beziehung zu Gott handelt. Er projiziert seinen gesamten inneren Kampf um die Wertmaßstäbe auf andere Menschen, Situationen oder Objekte. Dieser Prozeß führt aber in eine Sackgasse, und die Wut des Mannes steigert sich, er fühlt sich als Opfer. Es gibt nur eine Lösung: Er muß die Sache in die Hand nehmen, seine Wertmaßstäbe überprüfen und sein Leben an den korrigierten Wertmaßstäben ausrichten. Möglicherweise stellt er dabei fest, daß seine sogenannten Feinde in Wirklichkeit seine Verbündeten sind.

Die Reaktionen

Der Mann in der Mitte des Lebens versucht in der Regel zunächst einmal, schnelle, kurzfristige Lösungen zu finden, die es ihm ermöglichen, diesen Feinden zu entkommen. Unglücklicherweise sind dies aber keine wirklichen Lösungen.

Rückzug. Um sich Erleichterung zu verschaffen, zieht sich der Mann möglicherweise zurück. Dies kann z.B. heißen, daß er zum Alkohol greift: »Ein paar Flaschen Bier nach der Arbeit, und alles ist nur noch halb so schlimm. Dann komme ich nicht ins Grübeln.« Oder er flieht in den Schlaf: »Wenn ich schlafe, denke ich nicht über meine Probleme nach.« Auch endlose Stunden vor dem Fernseher können dazu benutzt werden, vor dem notwendigen Nachdenken zu fliehen.

Wut. Ein Mann in der Lebensmitte meint manchmal, er würde sich besser fühlen, wenn er nur irgendwo seine Wut auslassen könnte. Seine Wut ist irgendwie ziellos. Er weiß nicht, weshalb er wütend ist, aber er ist wütend auf alles –

auf sich selbst, die Gesellschaft, auf einzelne Menschen und auf Gott. Überall und immer fühlt er sich angegriffen. Er ist mürrisch und reizbar. Die Unvollkommenheiten und das Unverständliche des Lebens kann er nicht ertragen. In ihm tobt ein großer Aufruhr, und schon der geringste Anlaß führt zu einem unglaublichen Wutausbruch.

Ein neues Image. Ein anderer Fluchtweg, den der Mann in den mittleren Jahren oft beschreitet, ist ein neuer »Look«. Jetzt ist er der »Macho« mit dem sonnengebräunten Körper. Er begibt sich regelmäßig ins Fitness-Center. Wenn er mit Frauen zusammen ist, stellt er gerne seine Muskeln zur Schau. Er trägt enganliegende Hemden oder solche, die man bis zur Gürtellinie aufknöpfen kann. Ein Goldkettchen auf der Brust setzt schließlich das I-Tüpfelchen auf sein Image.

Aussteigen. Viele Männer möchten gerne aus dem Berufsleben aussteigen. Sie denken darüber nach, sich vorzeitig in den Ruhestand zu begeben. Mit 43 Jahren in den Ruhestand zu gehen – das klingt schon komisch. Aber viele Männer beschäftigen sich tatsächlich mit dem Gedanken.

Einer unserer Freunde ist Ende 30 und denkt daran, sich auf einen Bauernhof zurückzuziehen, um dort mit seiner Familie völlig unabhängig zu leben. Sie wollen für den Eigenbedarf Viehzucht betreiben und Gemüse anbauen; eine bestimmte Maissorte züchten, um daraus Gas zu gewinnen als Brennstoff für die Fahrzeuge und die Elektrizität; ein energiesparendes Haus entwerfen; einen eigenen Brunnen graben. Aber all diese Träume sind in Wirklichkeit Flucht-Träume. Unser Freund sagt damit aus: »Das Leben ist zu hart. Die Welt soll stillstehen. Ich will ihr eine Zeitlang entkommen.«

Neue Liebe. Manchmal erlebt der Mann in der Mitte des Lebens, daß sein Sexualtrieb wieder erwacht. Über die Gründe kann man nur Vermutungen anstellen. Manche meinen, dies sei auf hormonelle Veränderungen zurückzuführen. Andere vermuten, daß der Mann, da seine Potenz und Virilität nachlassen, das Opfer von Phantasien und Tagträumen wird: »Wie wäre es, wenn . . .?«

Das Problem an der Sache ist, daß die ständige Beschäftigung mit Phantasien und Tagträumen ein guter Nährboden für eine Affäre sind.

Das Lexikon definiert die Affäre kurz und prägnant als »eine romantische oder leidenschaftliche Zuneigung, die im Normalfall von kurzer Dauer ist». Wir übernehmen diese Definition, fügen aber das Wort *außerehelich* hinzu. Entweder eine oder beide Personen, die eine Affäre miteinander haben, sind also verheiratet. Eine Affäre muß nicht unbedingt eine sexuelle Dimension haben, aber mit Sicherheit besteht eine sehr starke emotionale Konzentration auf den anderen. Wenn Sie außerhalb Ihrer Ehe Energie, Zeit und Geld in eine andere Beziehung investieren, mag diese Beziehung auch noch so unschuldig erscheinen, dann haben Sie eine Affäre.

Wie andere helfen können

Der Arbeitgeber. Der Arbeitgeber kann einem Mann am besten helfen, indem er sich klarmacht, daß die Krise eben eine Krise ist, eine kurzfristige, und nichts anderes. Ist sie überwunden, wird der Mann wieder der produktive Angestellte sein, den er schätzte. Wahrscheinlich wird der Mann sogar noch engagierter arbeiten, weil er eine stärkere Perspektive und ein größeres Verlangen nach produktivem, sinnvollem Einsatz hat.

Es kann auch höchst angebracht sein, dem Arbeitnehmer einen neuen Arbeitsbereich innerhalb der Firma anzubieten, der seinen beruflichen Wünschen entgegenkommt.

Ein Arbeitgeber kann dem Arbeitnehmer z.B. Fortbildungskurse anbieten, so daß der Mann seine Fähigkeiten weiter ausbauen kann. Eine neue Herausforderung wird sein Selbstbild stärken, das in der Krise einer großen Zerreißprobe ausgesetzt war.

Fünf Märchen über die Affäre

1. »Alle tun es«. Das *Ladies' Home Journal* 1983 berichtet, daß 79 % von 83.000 befragten Frauen noch nie eine Affäre hatten.[10] Also tun es doch nicht alle!
2. »Eine Affäre stillt die Bedürfnisse, die durch die Einsamkeit entstanden sind.« Es stimmt, daß eine Affäre auf kurze Sicht die Einsamkeit vertreiben kann. Aber es ist eine Lösung *außerhalb der Ehe* und nur auf Zeit. – Das Problem der Einsamkeit kann nur wirklich gelöst werden, wenn zwei Menschen in einer tiefen, vertrauensvollen Beziehung ihr Leben teilen. Eine solche Tiefe und Breite kann unmöglich in einer heimlichen Affäre erreicht werden.
3. »Affären machen Spaß.« Maslow sagt: »Da leuchtet eine wunderbare Glut. Sie macht die Menschen blind für die Schwächen des Liebhabers und erinnert an die Zeiten, als beide noch jung und unbeschwert waren. . . . Dann erstirbt die Glut, und die Realität macht sich breit. Menschen erscheinen einem perfekter, wenn man nicht täglich mit ihnen zu tun hat und nicht die Belastungen des Ehelebens mit ihnen teilen muß.« [11]
4. »Endlich haben wir das gefunden, wonach wir schon immer gesucht haben.« Es ist *kein* wahr gewordener Traum – es ist eine Realität. Es ist die Scheinwelt eines verengten Gesichtsfeldes. Jeder Mensch kann für einige Minuten, Stunden oder Tage so in Form sein, daß er ein glänzendes Bild abgibt. Aber in der Wirklichkeit leben wir Tag für Tag mit Belastungen und Druck und zu wenig Zeit und Geld.
5. »Eine Affäre wird meine Ehe stärken.« Diese verzerrte Philosophie wird von vielen vertreten und ist sogar in Büchern angepriesen worden. Aber unsere Beobachtungen und die anderer Eheberater zeigen, daß Affären keinesfalls die Ehe stärken; Tatsache ist, daß sie Ehen zerstören.[12]

Die Kirche. Die Midlife-Krise ist in der Kirche fast unbekannt, obwohl sich viele Gemeindemitglieder damit auseinandersetzen müssen.

Die Gemeinden müssen erkennen, daß es sich hier um ein ernstes entwicklungspsychologisches Problem handelt, das alle Erwachsenen betrifft. Wir machen vollzeitliche Jugendarbeit, weil wir wissen, daß in dieser Zeit die Weichen für ein ganzes Leben gestellt werden. Wir bezahlen vollzeitliche Kirchenmusiker und Erziehungsberater und Verwaltungsangestellte. Aber diese große Krise in der Mitte des Lebens nagt im Verborgenen im Herzen jedes Erwachsenen, und jeder denkt, er sei der Einzige, der so etwas Merkwürdiges und Schwieriges erlebt, und er versucht, alleine damit fertig zu werden. Es gibt keinen Fachmann in seiner Gemeinde, an den er sich wenden könnte. Die Kirche muß hier tätig werden. Es müssen Tagungen durchgeführt werden, die das Midlife-Problem mit einschließen. Wochenend-Seminare für Ehepaare und die Gesprächsgruppen sollten diese Krise behandeln. Auch getrennte Seminare für Männer und Frauen sollten sich speziell mit diesem Thema befassen.

Kinder. Wenn Kinder ihrem Vater helfen wollen, dann müssen sie zuerst einmal verstehen, was in ihm vorgeht. Aber wichtiger noch ist, daß sie ihm wirklich helfen wollen. Diese ernste und ehrliche Verpflichtung hilft dem Mann nicht nur durch die Krise hindurch, sondern läßt die Jugendlichen auch reif werden.

Es ist wichtig, daß die Kinder sich nicht zurückziehen und den Vater wie einen Aussätzigen behandeln. Sie können ihn stützen, indem sie ihm zu verstehen geben, daß sie weiterhin seinen Rat und seine Führung haben möchten. Sie können ihm immer wieder deutlich machen, wie sehr sie ihn schätzen. Sie können ihn an bestimmte Dinge erinnern, die sein Selbstbewußtsein aufbauen. Auch wenn es vielleicht so aussieht, als weise er sie in seiner Mutlosigkeit zurück, haben aufbauende Worte trotzdem einen umfassend positiven Effekt.

Meine Kinder haben sich mir gegenüber in der Krise äußerst feinfühlig verhalten. Sie haben immer wieder Möglichkeiten gesucht, mir zu helfen. Ein typisches Zeichen ihrer Liebe war z.B. die Geschichte, die eine meiner Töchter geschrieben hat und mir zu Weihnachten schenkte. Sie drückt aus, wie sehr mich meine Töchter schätzen, und wie sehr sie mich lieben und unterstützen:

Einst lebte ein Mann in einer malerischen kleinen Hafenstadt und reparierte Schiffe. Fast alle Einwohner kannten ihn, denn er war im weiten Umkreis für sein großes Talent bekannt. Oft reparierte er Boote, ohne überhaupt einen Pfennig dafür zu nehmen. Er kannte sich mit Segelbooten aller Typen und Größen aus. Wenn ein Segelboot seeuntüchtig wurde, brachte man es sofort zu ihm; auch Schiffe, die in einen schlimmen Sturm geraten oder mit anderen Schiffen zusammengestoßen waren und solche, die nicht fachmännisch benutzt worden waren oder die man nie richtig zusammengebaut hatte. Der Mann gab sich Mühe mit jedem Schiff, und bald waren sie wieder seetüchtig.

Der Mann war ein großartiger Künstler und war sein Leben lang in der Lehre beim Meister seines Faches. Der Meister baute Schiffe – ja, er war der beste Schiffsbauer, den es je gegeben hat. Der Meister lehrte den Mann die Kunst, beschädigte Schiffe zu reparieren, und weil die beiden so gute Freunde waren, lehrte der Kunsthandwerksmeister den Mann, eigene Schiffe zu bauen.

Der Mann hatte Dutzende beschädigter Schiffe, die er Tag für Tag reparieren mußte – und noch mehr standen auf der Warteliste. Es gab Schiffe, an denen er jahrelang arbeiten mußte, Tag und Nacht.

Und nun das Schönste: Obwohl der Mann fast sein gesamtes Leben damit zubrachte, Schiffe zu reparieren, bestand sein größtes Werk nicht darin, beschädigte Segelboote wiederherzustellen, sondern drei wunderschöne neue Schiffe zu bauen. Sie waren sein größter Stolz, und er wandte seine ganze Kunst daran, denn in sie hatte er seine ganze Liebe investiert.

Freunde. Der Mann in der Midlife-Krise hat vielleicht wenig Zeit für Freunde. Wenn er in dem Stadium ist, in dem er versucht, seine Zeit als junger Erwachsener wiederzuerleben, dann wird er kaum Gemeinsamkeiten mit den Freunden in seinem Alter haben. Wenn die Depressionen und die Phasen des Sich-Zurückziehens kommen, will er von seinen Freunden in Ruhe gelassen werden.

Von diesem Zeitpunkt des Lebens an ist es in der Regel so, daß ein Mann seine Freunde nicht ausnutzen will, und auch sie werden ihn nicht für ihre Zwecke mißbrauchen. Sie sind wahrscheinlich Menschen, die ein tiefes Interesse an ihm haben und ihn stützen möchten, genauso, wie auch er ihnen helfen kann.

Der Mann wird sehr wahrscheinlich eine ganz neue Haltung Menschen gegenüber entwickeln, wenn er die Erfahrung tiefer, echter Freundschaft macht. Er wird sehr viel verständnisvoller werden und bereitwilliger anderen zur Seite stehen, weil er selbst Hilfe und Fürsorge erfahren hat.

Eine Frau hilft ihrem Mann

Der eine Mensch, der dem Mann in der Midlife-Krise die größte Hilfe sein kann, ist seine Frau. Hier einige Schritte, die eine Ehefrau unternehmen kann, um ihrem Mann in der Lebensmitte zu helfen.

1. *Lernen Sie, das Problem zu verstehen.* Sie »sollten die Krise als ein Stadium im persönlichen Entwicklungsprozeß sehen, nicht als eine Art Grippe. Es handelt sich hier keineswegs um bloße Unzufriedenheit. Wir sprechen über einen Zustand von existentieller Bedeutung.«[13]

Vielleicht haben Sie den Eindruck, als »habe sich Ihr früher so friedliches und angenehmes Leben in einen Alptraum verwandelt.«[14] Wenn Sie die Bandbreite dieser Krise nicht verstehen, dann nehmen Sie alles, was Ihr Mann sagt, womöglich für bare Münze und denken, Sie seien schuld an der ganzen Krise.

2. *Machen Sie sich gefaßt auf enorme Stimmungsschwankungen.* »Es ist, als befände man sich auf einer Achterbahn zwischenmenschlicher Beziehungen mit urplötzlichen Aufs und Abs und riesigen Kreisen, Serpentinen und beängstigenden Talfahrten.«[15]

3. *Machen Sie sich darauf gefaßt, daß Ihr Mann Ihnen die Schuld gibt.* Vielleicht sagt er: »Ich will Glück, Liebe, Bestätigung, Bewunderung, Sex, Jugend. Alles das verwehrt mir diese lahme Ehe mit einer ältlichen, kränklichen, vorwurfsvollen, nörgelnden Ehefrau.«[16]

4. *Seien Sie attraktiv.* Die meisten Männer in diesem Alter beklagen sich, Ihre Ehefrauen seien nicht mehr attraktiv, sprächen sie sexuell nicht mehr an, wären alt und verständnislos. Es ist wichtig, daß die Frau während der Krise ihres Mannes daran arbeitet, körperlich attraktiv zu sein. Dies schließt Gewicht und Muskeltonus mit ein; sie sollte ihre Garderobe aufbessern und an ihrem Lebensstil arbeiten, um den Bedürfnissen ihres Mannes besser entgegenkommen zu können.

Wahrscheinlich war sie noch nie zuvor in ihrer Ehe so sehr dem Vergleich mit anderen Frauen ausgesetzt. Und obwohl es auf lange Sicht der größte Wunsch des Mannes ist, eine Frau zu haben, die für ihn da ist, sollte sie besonders in der Phase der Midlife-Krise auch äußerlich attraktiv für ihn sein.

5. *Suchen Sie nach Wegen, um Ihren Mann behutsam aus der Höhle des Schweigens zu locken.* Er ist nicht gerne allein, aber er weiß nicht, wie er den Schmerz, den er fühlt, formulieren soll. »Es ist schon eine seltsame Wahrheit: Wenn sich der Mann vor seiner Frau ins Schweigen zurückziehen muß, dann erlebt er das als eine Enttäuschung. Und dies ist genau das, was er am allerwenigsten will.«[17]

6. *Bauen Sie sein Selbstwertgefühl auf.* Erinnern Sie ihn an die Gebiete, auf denen er erfolgreich ist. Vielleicht weist er nach außen hin Ihre Versuche zurück, und Sie würden ihm am liebsten sagen, er solle damit aufhören, sich selbst

zu bemitleiden. Ermutigen Sie ihn – das bewahrt ihm seine Selbstachtung.

7. *Ermutigen Sie ihn, neue Gebiete zu suchen, auf denen er sich beweisen kann.* Vielleicht können Sie ihm helfen, neue berufliche Alternativen zu entdecken. Oder Sie schlagen ihm vor, daß er sich fortbildet oder seine besonderen Befähigungen weiter ausbaut. Oder Sie ermutigen ihn, sich Dinge anzueignen, für die er sich immer schon interessiert hat.

8. *Bleiben Sie stark.* Sie brauchen eine Vertrauensperson, mit der Sie über Ihre Probleme reden können – und Sie müssen mit Gott darüber sprechen. Beide können Ihnen einen Blick für das geben, was geschieht; und wenn der Boden unter Ihren Füßen zu schwanken droht, erfahren Sie Ermutigung.

Was ich als Mann selbst tun konnte

1. *Bewegung* verschaffte mir einen klaren Kopf und linderte die emotionale Spannung. Es war großartig, auf dem Rad meiner Tochter durch die Landschaft zu fahren – es hatte eine Zehngangschaltung! Spaziergänge taten gut; oft ging ich mit Sally, aber noch öfter alleine. Mein Büro war ungefähr 1 1/2 km von Zuhause entfernt, und manchmal joggte ich auf dem Heimweg. Alle diese Dinge verschafften mir kurzfristig Entspannung.

2. Ich nahm *neue Herausforderungen* an. So z.B. Weiterbildung. Ich begann mit meiner Doktorarbeit. Als ich den ersten Kurs besuchte, traf ich dort eine ganze Reihe von Männern, die offensichtlich ebenfalls in der Midlife-Krise steckten. Das explosionsartige Ansteigen der Erwachsenenbildung deutet darauf hin, daß hier ein wichtiges Bedürfnis gestillt wird.

3. *Mein Körper* wurde mir wichtiger. Ich begann, darauf zu achten, was ich aß. Ich gab mir Mühe, abzunehmen. Ich

ernährte mich gesünder und nahm dadurch ab. Außerdem nahm ich mehr Vitamine zu mir, und langsam ging es mir besser.

4. *Tapetenwechsel*. Schon ein Kurzaufenthalt an einem anderen Ort baute mich auf. Eine Fortbildung in Kalifornien, Tagungen in Colorado, Wochenenden in den Wäldern und Segeltouren weckten wieder einige meiner Lebensgeister.

5. *Musik*. Sie bedeutete mir viel während dieser Krise. Zunächst begegnete sie mir auf der depressiven Ebene. Ich hörte ständig solche Sender, die hauptsächlich Love-Songs bringen. Es zog mich stark zu dieser Musik hin, aber die Folge war, daß mir noch stärker zum Bewußtsein kam, daß ich kein junger Mann mehr war.

In den folgenden Monaten wurden ganz bestimmte Lieder sehr wichtig für mich. Eines dieser Lieder war »Slow Down«. Ich nahm es auf Band und hörte es immer wieder an.

Mitten in meiner Verwirrung,
in Zeiten großer Not,
wenn ich keinen klaren Gedanken mehr fassen kann,
spricht eine leise Stimme zu mir.

Refrain
Werde ruhig,
werde ruhig, sei still, sei still und warte
auf den Geist des Herrn.
Werde ruhig und höre auf seine Stimme,
sei gewiß, er ist Gott.
In Zeiten der Not,
wenn ich so unsicher bin,
wenn ich von allen Seiten bedrängt werde,
spricht eine leise Stimme, so freundlich, so klar.[18]

6. Allmählich begann ich, Sally gegenüber *offener* zu werden und ihr zu *erzählen* , unter welchem Druck ich stand. Zuerst war sie sehr erschrocken und hatte Angst, deshalb

erzählte ich ihr nicht viel. Aber im Laufe der Zeit wurde es immer leichter, offen miteinander zu reden. Ich konnte mit Sally auch über Dinge sprechen, die ihr Selbstbild erheblich in Frage stellten. Jedesmal, wenn wir miteinander redeten, wurde ich freier, und unser gegenseitiges Verständnis und die Liebe zueinander wuchsen spürbar.

Die meisten Männer, die zu mir zur Beratung kommen, sind nicht bereit, mit ihren Frauen über das zu sprechen, was wirklich in ihnen vorgeht. Sie haben Angst, dadurch die Beziehung zu zerstören. Gleichzeitig jedoch spüren die meisten Männer, daß die Beziehung zu ihrer Frau alles andere als gut ist, und sie möchten alles tun, um ihre Ehe zu schützen.

7. *Ruhe* wurde mir sehr wichtig. Während jener Zeit bekam ich Pfeiffersches Drüsenfieber. Es hatte mich besonders stark erwischt, vermutlich deshalb, weil ich ohnehin völlig erschöpft und ausgelaugt war. Ich erkannte, daß ich meinen Lebensstil ändern mußte: Ich brauchte mehr Ruhe und mußte alles viel langsamer angehen lassen. Ich merkte, daß ich total ausgebrannt war. Jeglicher Funken von Kreativität und Lebensfreude war erloschen.

»Wie im Gezeitenwechsel von Ebbe und Flut, so erlebt auch der Mensch Phasen von schöpferischer Kraft und Leistungsstärke, gefolgt von Zeiten der Passivität, in denen er Ruhe braucht. Unsere Gesellschaft bietet aber dazu kaum die Möglichkeit. Arbeitsbesessene Menschen … müssen zunächst die Bedeutung der Muße und Freizeit wiederentdecken, wenn sie ihre Kreativität wiedergewinnen wollen.«[19]

8. Ich habe das Glück, daß mehrere Mediziner zu meinem Bekanntenkreis gehören. Diese Männer haben sich in ganz intensiver Weise um mich gekümmert, und das durchaus nicht nur, was meinen *körperlichen Zustand* betraf. Ihre Untersuchungen verschafften mir die Sicherheit, daß ich keineswegs kurz vor einem Herzinfarkt stand. Abgesehen vom Pfeifferschen Drüsenfieber und seinen Aus-

wirkungen war körperlich mit mir offensichtlich soweit alles in Ordnung. Diese Männer nahmen sich viel Zeit, um mit mir zu reden. Sie fragten nach meinem seelischen und geistlichen Leben und machten mir Mut, indem sie mir versicherten, ich würde die Krise überstehen.

9. Meine *seelische Gesundheit* wurde mir ganz neu wichtig. Bis jetzt hatte ich nicht viel für meine eigene seelische Gesundheit getan; ich hatte einfach angenommen, ich würde in diesem Bereich nie Probleme bekommen und brauchte keine Gedanken daran zu verschwenden. Diese Haltung hat sich geändert. Ich weiß jetzt, daß es für mich sehr wichtig ist, um meiner selbst und der anderen willen geistlich und psychisch stark zu sein. Ich schmiede Zukunftspläne, die Dinge enthalten, die meiner seelischen Gesundheit dienen.

10. Da meine seelische Gesundheit und mein geistliches Leben wichtig sind, ist mir sehr deutlich geworden, daß ich mir *Zeit zum Bibellesen und Beten* nehmen muß. Dies bedeutet keineswegs, daß mir hierdurch wertvolle Zeit verlorengeht. Die Zeit mit Gott hilft mir vielmehr, geistlich und seelisch gesund zu bleiben, und dadurch bin ich auch leistungsfähiger. In 2.Timotheus 3,16.17 heißt es: »Alle Schrift, von Gott eingegeben, ist nütze zur Lehre, zur Zurechtweisung, zur Besserung, zur Erziehung in der Gerechtigkeit, daß der Mensch Gottes vollkommen sei, zu allem guten Werk geschickt.« Mir wurde ganz deutlich, daß Gott mein Verbündeter ist.

Kapitel 3

Die Frau in ihren mittleren Jahren

In der Pause zwischen zwei Vorträgen während einer Frauentagung, auf der ich (Sally) sprach, stand ich in der Warteschlange vor der Kasse einer Buchhandlung. Mein Thema war nicht die Midlife-Krise, aber ich war dennoch als Autorin und als Ehefrau eines Autors von Midlife-Büchern vorgestellt worden. Während wir uns langsam zur Kasse schoben, drehte sich eine attraktive und auffällig gekleidete Frau zu mir um und fragte: »Wann schreiben Sie endlich ein Buch über die Midlife-Krise der Frau?« Und dann formulierte sie ihre ganze Verwirrung:

»Ich bin 36, aber ich fühle mich, als würde ich wieder 14. Ich schlage mich mit denselben Gefühlen herum, wie ich sie als junger Teenager hatte«, meinte diese so gestanden wirkende Frau. Ich bin sicher, daß niemand von den Umstehenden ahnte, in welchem inneren Tumult sie sich befand.

»Ich habe einen wunderbaren Ehemann, den ich sehr liebe. Wir haben zwei Kinder, und es macht mir Spaß, Mutter zu sein. Ich habe alles, was eine Frau glücklich machen sollte, und trotzdem bin ich innerlich so zerrissen und ruhelos. Ich fühle mich leer, und ich weiß nicht einmal, was mir fehlt. Ich habe bloß einen Wunsch: wegzulaufen.«

Ihre Gefühle in der Lebensmitte

Viele Frauen in den mittleren Jahren sagen, daß sie nicht wissen, wer sie sind. Viele spüren, daß sie etwas verloren haben – oder sogar viel verloren haben. Vielleicht fühlen sie sich wertlos und haben keine Hoffnung mehr. Oftmals deuten sie das Handeln ihres Ehemannes, ihrer Kinder, ihres Arbeitgebers oder der Kollegen so, als sähen diese Menschen sie als nutzlos, unerwünscht und unattraktiv an. Sie fühlen sich ausgebrannt und ausgenutzt. Sie sind wütend über die verräterischen Anzeichen des Alterns.

Niedergeschlagenheit ist ein weitverbreitetes Gefühl der Frau in der Midlife-Krise. Echte *Depressionen* lähmen ihre Opfer. Menschen mit Depressionen haben es schwer, Entscheidungen zu fällen und ein normales Leben zu führen. Oftmals klagen sie über Erschöpfung und echte oder auch imaginäre körperliche Störungen.

Marys Scheidung war ein solcher Schlag für sie, daß sie mit dem Leben nicht mehr fertig wurde. Schließlich mußte sie eine Zeitlang in einer Klinik für psychisch Kranke untergebracht werden. Sie verlor ihre Arbeitsstelle, und ihrem Mann wurde vorübergehend das Sorgerecht für die Kinder zugestanden. Nachdem sie ihre normale Handlungsfähigkeit, ihren Beruf und ihre Kinder verloren hatte, wurde sie schwer depressiv. Ihr Selbstwertgefühl und ihr Selbstbild beruhten bis dahin auf der Beziehung zu ihrem Mann und ihren Kindern. Als diese nicht mehr da waren, sagte Mary: »Ich fühle mich wie ein Niemand, als ob ich überhaupt nicht da wäre.«

Depressionen sind fast immer mit einem tiefem Gefühl eines Verlustes verbunden. Frauen in den mittleren Jahren empfinden, daß sie ihre Jugend, ihre sexuelle Anziehungskraft, ihre Schönheit und ihre Chancen für ein erfülltes Leben verloren haben – kurzum, die besten Jahre ihres Lebens.

Hoffnungslosigkeit ist das andere weitverbreitete Gefühl in der Lebensmitte. Wie kann eine Frau die Uhr zurückdrehen und ihr Leben noch einmal leben? Wie kann sie mit all den gereiften Einsichten über sich selbst noch einmal in ihre Jugend zurückkehren und den Lauf des Lebens ändern? Sie kann es nicht, denn das Leben läuft ab nach anderen Gesetzmäßigkeiten. Selbst wenn sie noch einmal ganz von vorn beginnen könnte – könnte sie ihre Lebensumstände wirklich ändern? Wenn die Zukunft nicht besser aussieht als die Vergangenheit oder die Gegenwart – die in diesem Augenblick finster ist – dann verdichtet sich das Gefühl der Hoffnungslosigkeit.

Überrascht mit 45

Joan Israel, eine Psychotherapeutin, die umfangreiche Forschungen auf dem Gebiet der Frauenfragen betrieben hat, meinte immer, nicht in die Midlife-Krise zu kommen, weil sie eine gebildete, problembewußte, emanzipierte Frau war. Über ihre äußere Erscheinung machte sie sich wenig Sorgen. Sie war sicher, sie würde »mit Vertrauen, Zuversicht und mit Abenteuerlust« alt werden. Sie sagte: »Ich wurde eine feministische Therapeutin; ich half anderen Frauen, neue Bereiche ihrer Persönlichkeit zu entdecken, damit ihr Wohlbefinden und ihr Verhältnis zu Männern nicht von ihrer Jugend oder Schönheit abhängig war.«

Und sie fährt fort: »Einige Wochen nach meinem 45. Geburtstag schaute ich morgens in den Spiegel und sagte zu mir selbst: 'Joan, du siehst alt aus!' Die Haut unter meinem Kinn und an meinem Hals war plötzlich schlaff und faltig ... Ich straffte meine Haut mit beiden Händen in Richtung Schläfe und stellte fest, daß ich so viel besser aussah, jünger.

Da stand ich nun, Auge in Auge mit mir selbst. Was ich sah, gefiel mir nicht, aber es fiel mir schwer, das zuzugeben. Noch nie zuvor hatte ich so etwas empfunden. Ich hatte mich mit mir selbst immer wohlgefühlt, mit meinem Körper, mit meinem Gesicht, mit meiner Haut.

Nachdem ich den Schock wegen meines Halses überwunden hatte, besah ich mir meine Hände. Oh weh, waren die faltig! Und ganz plötzlich entdeckte ich eine Menge Grau in meinen Haaren. Meine Haut war trocken und welk, meine Brüste schlaff.

Aber warum war ich so entsetzt? Hatte ich ein so starkes Geltungsbedürfnis? Bedeutete Älterwerden, daß ich als Person weniger attraktiv sein würde? Weniger attraktiv für wen? Für Männer im allgemeinen? Darum hatte ich mich noch nie gekümmert, auch nicht, als ich jünger war. Weniger attraktiv für meinen Mann? Sein Interesse an mir hatte in keiner Weise nachgelassen. Vielleicht war mein Entsetzen darin begründet, daß dies die Vorboten des Alterns, von Krankheit und Tod waren. Bis heute sind mir die Gründe immer noch nicht ganz klar. Alles, was ich weiß, ist, daß mich eine panische Angst vor dem Altwerden erfaßte.«[20]

Sechs Schritte zur Überwindung der Depression

Eine Frau, die im klinischen Sinn depressiv ist, wird vermutlich nicht in der Lage sein, sich selbst zu helfen oder von sich aus nach Hilfe zu suchen. Jemand, der sie liebt und sich um sie sorgt, muß bereit sein, Verantwortung zu übernehmen und sie in kompetente psychiatrische Behandlung zu übermitteln. Ein Psychiater kann auf viele Behandlungsmethoden zurückgreifen, einschließlich der Antidepressiva, die nach Untersuchungen bei 70 -95 % klinisch Depressiver eine Besserung bewirken.

Gehen wir aber hier einmal davon aus, daß Sie selbst nicht klinisch depressiv sind, sich aber darum bemühen möchten, Ihre in abgeschwächter Form aufgetretene Depression zu verarbeiten. Im folgenden finden Sie in mehreren Schritten aufgebauten Plan zur Bewältigung ihres Tiefs.

1. *Machen Sie sich bewußt, welcher konkrete Verlust zu Ihrer Depression geführt hat.* Hier ist es äußerst hilfreich, mit einer guten Freundin, der Sie vertrauen, oder mit einem Seelsorger oder dem Mitarbeiter einer Beratungsstelle zu sprechen. Sagen Sie dieser Person, was Sie herausgefunden haben, und lassen Sie diesen Menschen wie einen Spiegel

wirken, der das reflektiert, was Sie seiner Meinung nach zum Ausdruck bringen. Dies hilft Ihnen, das Problem einzukreisen und beim Namen zu nennen.

2. *Sammeln Sie alle Informationen über Ihren Verlust.* Auch hier kann eine gute Freundin wieder äußerst hilfreich sein. Hier soll nichts übertüncht oder beschönigt werden; sie wollen sich wirklich der Wahrheit stellen.

Zum Beispiel: Wenn der Verlust, unter dem Sie leiden, mit Ihrem Jungsein verbunden ist, dann machen Sie sich ganz deutlich, was das alles umfaßt. *Was bedeutet es*, seine Jugend zu verlieren? Sprechen Sie offen und deutlich über alle damit verbundenen Konsequenzen: Sie brauchen mehr Schlaf; Ihre Haare werden grau; Ihr Körpergewicht steigt; Sie haben Falten; Sie sind nicht mehr so sportlich wie früher. Sie versuchen, sich das ganze Maß Ihres Verlustes vor Augen zu führen. Wenn Sie sich hier lediglich einem kleinen Teil der Wahrheit stellen, können Sie einige wichtige Aspekte nicht verarbeiten, und das verursacht Depressionen.

Denken Sie daran, daß die Wahrheit über den erlittenen Verlust auch eine positive Seite hat. Sie können natürlich jetzt sagen: »Wie kann ich etwas Positives aus der Tatsache entnehmen, daß unsere Ehe nicht ist, wie sie sein sollte und daß ich die vertraute, innige Beziehung zu meinem Mann verloren habe?«

Die positive Seite daran ist, daß Sie sich dem Verlust stellen, anstatt es zuzulassen, daß Sie immer weiter in die Depression gleiten. Wenn Sie sich diesem Verlust jetzt stellen, helfen Sie Ihrem Mann, seine Prioritäten wieder in die richtige Reihenfolge zu bringen, so daß ihm möglicherweise eine Midlife-Krise in bezug auf die Ehe erspart bleibt. Ein anderer positiver Aspekt dieser Wahrheit besteht darin, daß Sie jetzt schon damit anfangen, an ihrer unbefriedigenden Ehe zu arbeiten, bevor es so schlimm wird, daß keiner von Ihnen mehr ein Interesse daran hat.

Sind Sie depressiv?

Stellen Sie sich folgende Fragen:
1. Sind Sie seit mehr als zwei Wochen traurig, niedergeschlagen, hoffnungslos, ein Häufchen Elend?
2. Haben sich Ihre Eßgewohnheiten in der letzten Zeit drastisch geändert?
3. Können Sie schlecht einschlafen, oder haben Sie einen unruhigen Schlaf?
4. Fühlen Sie sich erschöpft oder abgespannt, ohne daß Sie konkrete Ursachen dafür nennen können?
5. Hat Ihr sexuelles Interesse und/oder Ihre Freude am Erleben der Sexualität ungewöhnlich stark nachgelassen?
6. Haben Sie Schwierigkeiten, sich zu konzentrieren oder Entscheidungen zu fällen?
7. Sind Sie unruhig, können Sie schlecht stillsitzen?
8. Haben Sie öfter Selbstmordgedanken oder den Wunsch, tot zu sein?

3. *Drücken Sie Ihre Gefühle aus.* Mit Sicherheit werden sich Ihre Gefühle regen, wenn Sie über Ihren Verlust sprechen und die Wahrheit herausfinden wollen. Aber verdrängen Sie das nicht. Fragen Sie sich in dieser Phase, was Sie bei diesem Verlust *fühlen* – nicht was Sie *denken*, sondern was Sie *fühlen*.

Manchmal ist es hilfreich, seine Gefühle aufzuschreiben; man ist gezwungen, sie zu formulieren, dadurch werden sie deutlicher. Drücken Sie einer anderen Person gegenüber so genau wie möglich aus, was Sie fühlen – auch, wie stark diese Gefühle sind.

Vielleicht treten bei Ihnen Gefühle auf, die wir bereits erwähnt haben – Wut, Angst, Selbstmitleid, Schuld. Drük-

9. Sind Sie gereizter, aufbrausender oder schneller verärgert als früher?
10. Sind Sie in bezug auf die meisten Dinge extrem mutlos und pessimistisch?
11. Haben Sie Schuldgefühle; fühlen Sie sich wertlos?
12. Können Sie schlimme Ereignisse aus der Vergangenheit nicht vergessen?
13. Weinen Sie mehr als sonst?
14. Brauchen Sie ständig Bestätigung von anderen Menschen?
15. Haben Sie seit einiger Zeit Magen- oder Unterleibsschmerzen oder starke Kopf- oder Rückenschmerzen, für die es keine medizinische Erklärung gibt?

Wenn der erste Punkt zutrifft und Sie auch noch verschiedene andere Fragen der Liste bejahen müssen, sind Sie möglicherweise depressiv und sollten Hilfe suchen.

ken Sie diese Gefühle aus. Weinen Sie, so oft es nötig ist. Schlucken Sie Ihre Tränen nicht tapfer herunter, sagen Sie nicht: »Wieder mal so ein Zeichen typischer weiblicher Schwäche!«

Warum Sie weinen sollten

Die Experten sagen über das Weinen:
Es hilft Ihrem Körper, schädliche chemische Nebenprodukte des Streß auszuscheiden; es trainiert Ihr Gefäßsystem, Ihre Atmung und Ihr Nervensystem; es schafft psychische Entlastung; es baut Spannungen ab.

4. *Treffen Sie die notwendigen Entscheidungen.* Wenn Ihnen jetzt Ihr Verlust mit seinen Konsequenzen bewußt ist und Sie Ihre Gefühle zum Ausdruck gebracht haben – was können Sie tun? Erinnern Sie sich: Sie werden es schaffen, Sie wollen Entscheidungen fällen, die Sie zurück auf den Weg zur Gesundheit, zum Reifungsprozeß, zur Schaffenskraft, zu einer sinnvollen Aufgabe führen. Welche Entscheidungen helfen Ihnen in diese positive Richtung?

Wir kommen noch einmal zurück auf den Verlust Ihrer Jugend. Sie können sich bewußt dafür entscheiden, die Stärken, die Sie als Frau in den mittleren Jahren haben, zu betonen: z.B. mehr Einsicht und Erfahrung in bezug auf das Leben. Sie entscheiden sich bewußt dafür, nicht mehr mit dem Körper junger Mädchen konkurrieren zu wollen.

Wenn Ihre Ehe nicht mehr in Ordnung ist, sollten Sie Entscheidungen fällen, die zur Heilung Ihrer Ehe beitragen. Tun Sie alles in Ihrer Macht Stehende, um eine echte Verständigung zu fördern, auf die Bedürfnisse Ihres Mannes einzugehen, oder fördern Sie alles, was Ihre eheliche Beziehung wiederherstellt und bereichert.

5. *Schaffen Sie einen Raum der Unterstützung und der Liebe.* Suchen Sie die Begegnung mit Menschen, die sich Ihnen zuwenden, bei denen Sie Unterstützung, Liebe und eine positive Lebenseinstellung finden. Pflegen Sie freundschaftliche Beziehungen mit Menschen, die sich Ihnen zugewandt haben, damit Sie den seelischen Rückhalt erhalten, den Sie brauchen, um wieder »auf die Beine zu kommen«.

Ermutigen Sie diese Person oder diese Gruppe nicht nur, Ihnen zuzuhören, während Sie sich durch diese Krise hindurcharbeiten, sondern lassen Sie sich von diesen Menschen auch immer wieder darauf hinweisen, daß Sie selbst für die Entscheidungen verantwortlich sind, die Sie fällen. Solche Hilfe gewährenden Gruppen findet man in der Regel in den Gemeinden – aber achten Sie besonders auf solche Menschen, die tief von der Liebe Gottes durchdrungen sind. Das sind Menschen, die das Leben als ein wunderbares Vorrecht ansehen und Ehrfurcht haben vor der Güte Gottes.

6. *Lassen Sie sich von der Hoffnung anstecken.*Sie brauchen eine beständige Ration positiver, hoffnungsvoller Zusagen für Ihr Leben. Sie müssen sich bewußt von Ihrem Verlust abwenden, jetzt, wo Sie seine volle Bedeutung erfahren und den Schmerz erlebt haben. Sehen Sie nun auf Gott und blicken Sie in die Zukunft.

Hierzu haben wir oftmals mit Erfolg empfohlen, die Psalmen aufmerksam zu lesen und die dortigen Gedanken auf das eigene Leben anzuwenden. Die Psalmen wurden von Menschen geschrieben, die einen heftigen Lebenskampf ausgefochten haben, aber auch viel über die Hoffnung gelernt haben.

Ja, das Leben belastet uns mit vielen Erfahrungen der Depression und der Versuchung – aber Gott ist da, um mit uns durch diese tiefen Täler zu gehen.»Und nun spricht der Herr, der dich geschaffen hat . . . und dich gemacht hat . . .: Fürchte dich nicht, denn ich habe dich erlöst; ich habe dich bei deinem Namen gerufen; du bist mein! Wenn du durch Wasser gehst, will ich bei dir sein, daß dich die Ströme nicht ersäufen sollen; und wenn du ins Feuer gehst, sollst du nicht brennen, und die Flamme soll dich nicht versengen. Denn ich bin der Herr, dein Gott, der Heilige Israels, dein Heiland . . .« (Jesaja 43,1-3)

Die Wechseljahre verstehen

Die meisten Frauen erleben zwischen dem 48. und dem 53. Lebensjahr als die große Belastung das Klimakterium. Im Klimakterium verbinden sich körperlicher und seelischer Streß, aber die seelischen Belastungen treten oft vor der körperlichen Umstellung auf.

Der Gynäkologe kann bei körperlichen Problemen dieser Umstellung Abhilfe schaffen, z.B. beim Ausbleiben der Menstruation, bei Hitzewallungen, Schlafstörungen oder bei zu trockenen Vaginalschleimhäuten. Außerdem bieten Fachbücher Hilfe.

Die physischen Symptome der Wechseljahre sind unvermeidlich. Die möglichen psychischen Folgen, die Ängste der Frauen, können ihrem Leben weitaus mehr schaden. Die physischen Symptome werden verschwinden, aber wenn die Frau nicht mit ihren Ängsten fertiggeworden ist, können diese sie für den Rest ihres Lebens quälen.

1. *Die Angst, unfruchtbar zu sein.* Es ist merkwürdig: Viele Frauen möchten gar keine Kinder mehr, aber wenn sie ihre Fruchtbarkeit verlieren, haben sie das Gefühl, einen Teil ihrer selbst verloren zu haben. Wenn die Frau einen Großteil ihres Selbstwerts auf ihrer Mutterrolle aufbaut, dann wird sie wahrscheinlich eine Menge Ängste zu bewältigen haben, wenn sie die körperlichen Symptome der Wechseljahre spürt. Wenn sie aber ihre Fruchtbarkeit und ihre Mutterrolle nur als einen Teilbereich ihres Lebens ansieht, werden diese Ängste vermutlich keine große Rolle spielen.

Verluste in den mittleren Jahren

Viele Ereignisse in den mittleren Jahren können zu traumatischen Verlusten werden:

- Der frühe Tod des Ehemannes, der Eltern, der Kinder oder eines Freundes
- Die Geburt eines ungewollten Kindes
- Ein frühes »leeres Nest« oder ein frühes Großelterndasein
- Zwangspensionierung
- Schwere Krankheit oder Unfall
- Eine schwerwiegende Entscheidung, die mit Verlust gekoppelt ist

---

2. *Die Angst, den Ehemann zu verlieren.* Wenn eine Frau in hohem Maße körperorientiert war und meinte, ihre Fähigkeit, Kinder zu gebären wäre der Hauptgrund für das Interesse ihres Mannes an ihrer Person, wird sie befürchten, daß sie durch die Wechseljahre nicht mehr begehrenswert ist.

3. *Die Angst, die Sexualität zu verlieren.* Manche Frauen meinen irrtümlicherweise, sie würden durch das Klimakterium ihr sexuelles Interesse und ihre sexuellen Kräfte verlieren. Wahrscheinlich ist genau das Gegenteil der Fall. Wenn die Frau Ende 30, Anfang 40 ihre Midlife-Krise durchläuft, erlebt sie eine Steigerung ihrer sexuellen Bedürfnisse. Dies zieht sich weit in ihr nächstes Lebensjahrzehnt und muß keineswegs durch die Wechseljahre an Dynamik verlieren. In gewissem Sinne tragen die Wechseljahre sogar dazu bei, das sexuelle Interesse zu vergrößern. Nachdem der monatliche Zyklus aufgehört hat, gibt es keine Angst mehr vor ungewollter Schwangerschaft, braucht man sich nicht mehr um Empfängnisverhütung zu kümmern, und zum erstenmal in ihrem Leben kann die Frau jederzeit mit ihrem Mann zusammenkommen. Diese Freiheit ist oft eine große Bereicherung für die Ehe.

Wie andere helfen können

Freunde. Ich erinnere mich, wie ich vor ein paar Jahren mit einer Frau mittleren Alters sprach, bei der ich ganz offensichtliche Anzeichen einer Midlife-Krise entdeckte. Ich sagte ihr, daß ich mich darüber freuen würde, wenn wir uns irgendwann einmal treffen könnten, um miteinander zu reden. Sie versicherte mir, daß mit ihr alles in Ordnung sei, daß es ihr gut gehe. Einige Wochen später sah ich sie wieder – sie war immer noch unruhig und angespannt. Ich sagte ihr, daß sowohl Jim als auch ich eine Midlife-Krise erlebt hatten. »Ich weiß, daß das wirklich kein Vergnügen ist, aber wir haben daraus gelernt, und vielleicht können wir

in irgendeiner Weise helfen – und wenn wir nur zuhören.«
Ihre Antwort war: »Wirklich sehr freundlich. Es ist gut, zu
wissen, daß es Menschen wie Sie gibt, die sich um andere
kümmern. Aber ich habe eigentlich keine Probleme.«

Doch ich wußte, daß es ein Problem gab, deshalb ließ
ich auch bei der nächsten Begegnung nicht locker. Diesmal
sagte sie: »Mir scheint, *Sie* haben das Bedürfnis, mit *mir* zu
reden - also gut.« Sie unterzog mich gewissermaßen einem
Test, indem sie versuchsweise ein paar Themen anschnitt.
Sie fand mich offensichtlich vertrauenswürdig und begann, mir von ihren inneren Kämpfen und schwierigen
Entscheidungen zu erzählen.

Wenn Sie von einer Freundin abgewiesen werden,
dann geben Sie ihr weiterhin zu verstehen, daß sie Ihnen
nicht gleichgültig ist. Seien Sie einfühlsam, liebevoll und
versuchen Sie, die Bedürfnisse des anderen zu verstehen –
und signalisieren Sie immer wieder Hilfsbereitschaft.

Eine Studie über Frauen und ihre Freundschaften kam
zu dem Schluß, daß das Vorhandensein einer Vertrauensperson bei allen größeren Anpassungsschwierigkeiten an
neue Lebensphasen und in jeder Altersstufe eine echte Hilfe ist. Eine Vertrauensperson kann uns den nötigen Rückhalt geben, unsere Ansichten bestätigen oder korrigieren
und einfach da sein, wenn wir mal »Dampf ablassen müssen«.[21]

Die Kirche. Wenn eine Gemeinde beschließt, sich speziell Menschen in den mittleren Jahren zu widmen, dann
muß zunächst einmal *Verständnis* in bezug auf die einzigar-
tige Zeit der mittleren Jahre und die besonderen Bedürfnisse der Menschen mittleren Alters vorhanden sein. Daraus folgert konsequenterweise der zweite Schritt: *der Ent-
wurf eines Programms*, das auf die Bedürfnisse der Menschen mittleren Alters zugeschnitten ist.

Es können Gesprächsgruppen angeboten werden, die
sich mit den speziellen Ängsten der unverheirateten berufstätigen Frau befassen; mit der verheirateten Frau, die

zugunsten des Berufs auf Kinder verzichtet hat; mit der Hausfrau und mit der Frau, die all das unter einen Hut bringen will: Ehe, Kinder und Beruf. Man sollte sich ferner über die Bedürfnisse der Kinder dieser Eltern austauschen, über die Berufsprobleme des Ehemannes und seine potentielle Midlife-Krise, über gesellschaftliche Wertmaßstäbe (die Villa im Grünen und den Zweitwagen) oder den einfacheren Lebensstil.

Die Großfamilie. Befragungen haben ergeben, daß Frauen im Normalfall Verwandte nicht als »enge Freunde« ansehen. Im Durchschnitt zählten nur 25% aller engen Freunde zu den Verwandten.[22] Mit anderen Worten: Großfamilien geben nicht den Halt, den Frauen in den mittleren Jahren brauchen.

In den letzten Jahren haben wir uns sehr darum bemüht, die Beziehungen zu unserer Verwandtschaft zu verstärken. Einige Familienmitglieder hatten uns immer schon sehr nahegestanden, aber in unserer Gemeinde gab es so viele Menschen, mit denen wir zu tun hatten, daß uns die Großfamilie in ihrer Gesamtheit eigentlich kein Bedürfnis war. Doch als wir älter wurden und in die mittleren Jahre kamen, lag uns unsere weitläufige Verwandtschaft immer mehr am Herzen. Man muß dabei Zeit und Mühe investieren, und – was das Wichtigste ist – echte Anteilnahme.

Man kann damit beginnen, herauszufinden, in welcher Situation sich die anderen befinden. Erleben sie gerade die Midlife-Krise oder eine andere Belastung? Man kann ab und zu ein paar ermutigende Zeilen schicken, anrufen und für die Betreffenden beten. Vielleicht können Sie ihnen auch Bücher oder Artikel schicken, die für Sie selber hilfreich waren. Bauen Sie Brücken und beginnen Sie, dieser kleinen Gruppe von Menschen zu helfen, mit denen Sie verwandt sind.

Kinder. Eine Möglichkeit, wie Kinder ihrer Mutter in der Midlife-Krise konkret helfen können, besteht darin, einen Teil der Verantwortung für den Haushalt zu übernehmen.

Eine andere wichtige Möglichkeit für die Kinder besteht darin, daß sie anfangen, ein wenig für uns Eltern zu sorgen. Welche Möglichkeiten gibt es da in bezug auf die Mutter?

Vielleicht fühlt sie sich in ihrer Ehe unsicher. Die Kinder können mit ihrem Vater über die Mutter sprechen und ihm sagen, wie sehr sie ihre Mutter schätzen. Sie können den Vater vorsichtig daran erinnern, wie glücklich er sich schätzen kann, diese Frau geheiratet zu haben, und welch großartiges Paar sie sind. Die Kinder können der Mutter sagen, welche Eigenschaften sie an ihrem Vater schätzen. Vielleicht hat es die Mutter gerade nötig, daran erinnert zu werden!

Vielleicht kämpft sie mit den beruflichen Anforderungen und fragt sich, wie sie all ihre Aufgaben bewältigen soll. Die Kinder können ihr Mut machen, indem sie ihr sagen, wie stolz sie darauf sind, eine Mutter zu haben, die etwas auf die Beine bringt, nicht auf den Kopf gefallen ist und mitten im Leben steht. Es macht nichts, wenn ein paar Dinge im Haushalt liegenbleiben – und außerdem sind die Kinder bereit, einzuspringen, wenn Not am Mann ist.

Die Kinder können sich vornehmen, der Mutter mindestens dreimal am Tag ein Kompliment zu machen – es wird für sie eine große Ermutigung sein. Sich in dieser Weise um die Eltern zu kümmern, stellt für die Kinder einen wichtigen Schritt zum Erwachsenwerden dar.

Ein Mann hilft seiner Frau

Ihrer Frau durch die Midlife-Krise zu helfen, ist unter Umständen eine der größten Anforderungen, die je in Ihrem Leben an Sie gestellt wurde. Es kann sein, daß Ihre Frau unglaubliche Stimmungsschwankungen hat und psychisch sehr instabil ist. Es kann sein, daß sie Ihnen Unsicherheiten gesteht in bezug auf ihr Selbstwertgefühl, ihre Wertmaßstäbe, ihre Ehe und sogar hinsichtlich des Lebens überhaupt. Wenn Sie ihr helfen wollen, müssen Sie zu ihr halten, auch wenn Sie sich manchmal so fühlen, als säßen Sie in einer gigantischen Achterbahn.

Wenn Sie ihr helfen wollen, dann denken Sie immer daran, daß es normal ist, wenn Ihre Frau diese Zeiten durchmacht. Es ist wichtig, daß Sie sich über die Midlife-Krise informieren und verstehen, was passiert. Nur so können Sie die Stütze sein, die Ihre Frau braucht.

1. *Verstehen Sie die Midlife-Krise.* Verstehen Sie die Gefühle und ihre Hintergründe. Verstehen Sie, in welchen seelischen Konflikten sich Ihre Frau befindet. Verstehen Sie, daß es sich hierbei um eine relativ kurze Phase des Lebens handelt; sie geht vorüber. Verstehen Sie, wie Sie Ihrer Frau durch diese Phase hindurchhelfen können.

2. *Geben Sie Ihrer Frau Freiraum.* Sie muß sich zurückziehen können, aber manchmal braucht sie jemanden, der sie aus dieser »Höhle« der Depression herausholt, in die sie sich verkrochen hat. Sorgen Sie dafür, daß die Beziehung zu Ihrer Frau ausgewogen ist. Geben Sie ihr Zeit zum Nachdenken, lassen Sie sie allein spazierengehen, radfahren oder einen Einkaufsbummel machen. Und dann gibt es Zeiten, wo Sie Gemeinschaft miteinander haben sollten. Wenn Sie dann miteinander sprechen, bedrängen Sie ihre Frau nicht, indem Sie sagen: »Nun laß uns doch mal vernünftig und logisch sein!« Fragen Sie stattdessen »Was empfindest du?« oder »Erzähl mir doch von dem, was dir so zu schaffen macht!«

3. *Bauen Sie ihr Selbstbewußtsein auf.* Denken Sie über positive Schritte nach, die den besonderen Bedürfnissen Ihrer Frau entgegenkommen. Sagen Sie ihr mehrmals am Tag, daß Sie sie schätzen. Beglückwünschen Sie ihre Frau zu dem, was sie ist, und danken Sie ihr. Achten Sie darauf, Ihr nicht nur für das zu danken, was sie tut, sondern sagen

Sie ihr auch, welche Bedeutung sie als Persönlichkeit für Sie hat.

4. *Seien Sie attraktiv für Ihre Frau.* Wie wäre es, wenn Sie die 20 Pfund Übergewicht loswürden, die Sie im Laufe Ihrer Ehe zugelegt haben? Und sicher können Sie etwas für Ihre schlappen Muskeln tun! Denken Sie daran, daß für Ihre Frau ein männlicher Körper wieder interessant ist, besonders, weil sie sich fragt, ob sie selbst noch Sexappeal hat.

Achten Sie auf Ihre Garderobe. Welche Art von Kleidung sieht Ihre Frau bei Ihnen besonders gern? Tragen Sie die. Es wird Ihre Frau möglicherweise sehr glücklich machen, wenn Sie gemeinsam etwas unternehmen, was Ihre alltägliche Routine sprengt. Planen Sie ein paar besondere Wochenenden. Überraschen Sie sie mit einem besonderen kleinen Geschenk. Seien Sie sexy. Flirten Sie mit ihr. Machen Sie ihr Komplimente. Berühren Sie sie häufiger. Schlafen Sie öfter mit ihr und gestalten Sie dieses Zusammensein kreativer. Bauen Sie Ihre Attraktivität auf den Qualitäten auf, die im Anfang Ihrer Ehe der Grund dafür waren, daß Sie sich zueinander hingezogen fühlten, und berücksichtigen Sie dabei gleichzeitig die Bedürfnisse, die Ihre Frau jetzt hat.

5. *Sorgen Sie dafür, daß Ihre Frau wieder aufblüht.* Dieses Kapitel gab Ihnen praktische Ratschläge, wie Sie Ihrer Frau helfen können.

Sie sind die wichtigste Person; Sie können für Ihre Frau die größte Hilfe sein. Entweder wird sie Sie für Ihre Liebe und Ihr Verständnis um so mehr lieben, oder sie mag nicht mehr mit Ihnen zusammensein, weil Sie »alles verdorben« haben.

Verstehen Sie die Bedürfnisse Ihrer Frau und seien Sie bereit, sie zu erfüllen. Warten Sie nicht, denn schon morgen könnte es das »Aus« für Ihre Ehe bedeuten.

Kapitel 4

Die Ehe zur Zeit der Lebensmitte

Verschiedene Studien über die Beziehung zwischen Ereignissen aus dem Zyklus des Familienlebens und dem Erfülltsein in der Ehe zeigen, daß die Ehe am häufigsten unbefriedigend war, wenn die Kinder das »Teenager«-Alter erreicht hatten.[23] Teenager zu haben heißt in der Regel, daß die Eltern in den mittleren Jahren sind. Die Zeit des geringsten Eheglücks liegt in der Lebensmitte der Eltern.

Wir haben Hunderte von Paaren beraten, die unter den unterschiedlichsten Eheproblemen litten. Wenn sie zum erstenmal zu uns kommen, schildern sie in der Regel ihre Ehe als insgesamt unglücklich und entmutigend. Das kann soweit gehen, daß sie die Ehe nicht mehr aufrechterhalten wollen. Sie sagen, daß sie sich nicht mehr lieben. Vielleicht haben sie auch keine sexuelle Beziehung mehr, oder einer von beiden hatte eine Affäre. Oder sie berichten von körperlichen oder seelischen Mißhandlungen, von Vernachlässigung oder davon, daß einer der beiden Partner seinen ehelichen Pflichten nicht nachkommt.

Was läuft bei den Paaren mittleren Alters in der Ehe falsch?

Typische Probleme

1. Konzentration auf die Anforderungen des Lebens. Als sich der Mann und die Frau kennenlernten, nahmen sie sich viel Zeit, um miteinander zu reden, den anderen für sich zu gewinnen und ihm Freude zu machen. Als sie verheiratet waren, sahen sie einen solchen »Zeitvertreib« als Luxus an. Sie arbeiteten nicht mehr an ihrer Beziehung, und jeder ging seiner eigenen Beschäftigung nach; sie erzogen die Kinder, bezahlten die Miete und häuften Besitz an.

2. *Mangelnde Kommunikation.* Es ist nicht so, daß Mann und Frau nicht mehr miteinander reden. Sie sprechen über viele Angelegenheiten – Kinder, Geld, soziale Verantwortungen, Reparaturen am Haus, Gartenarbeit. Aber sie sprechen nicht darüber, was sie für den anderen *empfinden* und wie ihre Ziele und Ambitionen sich wandeln. Sie tauschen sich nicht darüber aus, womit der andere sie glücklich macht oder womit er sie beunruhigt.

Jeder Mensch braucht vertraute Beziehungen zu anderen Menschen. Jeder braucht mindestens eine Person, der gegenüber er offen sein kann. Jeder muß darüber reden können, wer er wirklich ist – über seine Freuden und Ängste. Die meisten Menschen erwarten, daß eine Ehe diese Art von Vertrautheit schafft. Wenn sie das nun nicht in ihrer Ehe finden, dann meinen sie, sie hätten einen Fehler gemacht.

Wenn die Vertrautheit in der Ehe erstirbt, wird beiden Eheleuten umso mehr das Versagen des anderen bewußt. Kommt es jetzt noch zu persönlichen Gesprächen, handelt es sich meistens um Kritik oder Schuldzuweisung. Diese negative Kommunikation führt die Ehe immer näher an die Katastrophe.

Schon 1943 schrieb David L. Cohn: »Nur in seltenen Fällen sitzen Ehemann und Ehefrau beieinander und reden aus reinem Vergnügen miteinander über ›Gott und die Welt‹. . . . Ihr intellektuelles und geistliches Leben bleibt dem anderen vielmehr verschlossen - Ergebnis ist: es entsteht keine geistige Einheit, es findet keine gegenseitige Bereicherung statt. Dies ist einer der Hauptfaktoren für die Einsamkeit vieler Menschen.«[24]

3. *Unerfüllte persönliche Bedürfnisse.* Das Problem der unerfüllten Bedürfnisse wurzelt in der Zeit ihrer ersten Verliebtheit, als die beiden nicht viel voneinander wußten und nicht fragten, ob diese Beziehung die gegenseitigen Erwartungen erfüllen würde. Jetzt gehen sie zur Eheberatung, klagen über eine unglückliche Ehe und über gegenseitige Unzufriedenheit; ihr sexuelles Interesse aneinander ist gleich Null; sie lieben sich einfach nicht mehr.

Menschen in der Phase ihrer ersten Verliebtheit fühlen sich zueinander hingezogen, weil der andere die Bedürfnisse erfüllt, die tief im Unterbewußtsein empfunden werden. So sagt ein Mann beispielsweise: »Ich liebe dich«, aber er meint im Grunde: »Du erfüllst meine Bedürfnisse und machst mich glücklich«.

Menschen, die sagen, sie seien unzufrieden oder liebten den anderen nicht mehr, teilen dadurch mit, daß ihre Bedürfnisse nicht mehr erfüllt werden. Das Tragische an dieser Situation ist, daß einer oder beide Partner unfähig sind, dem anderen gegenüber auszusprechen, daß ihre Bedürfnisse nicht mehr erfüllt werden; sie sagen einfach: »Ich liebe dich nicht mehr«.

4. *Mangel an persönlichen Wachstum.* Langeweile in der Ehe steht oftmals in direktem Zusammenhang mit mangelndem persönlichen Wachstum. Das Wort Langeweile bedeutet: lästig empfundenes Gefühl des Nichtausgefülltseins, der Eintönigkeit. Die menschliche Persönlichkeit findet einen gewissen Grad von Gleichheit, Gewohnheit und Routine angenehm. Dies vermittelt Geborgenheit. Aber daneben braucht der Mensch ebenso Veränderung, Neues und Abwechslung. Diese Aspekte stimulieren und fördern das Wachstum der Persönlichkeit.

Gott hat die menschliche Persönlichkeit mit einem großen Potential für Wachstum ausgestattet. Wenn beide Partner in der Ehe wachsen, dann dürfte es eigentlich niemals eine Zeit geben, in der es am anderen nichts mehr zu entdecken gibt. Die Beziehung bleibt lebendig und spannend.

Ist Scheidung eine Alternative?

Viele Menschen meinen, daß die Scheidung ein Weg sei, um einer schwierigen Ehe zu entkommen. In der Regel stellt sich allerdings heraus, daß eine Scheidung nicht zu dem zufriedenstellenden Ergebnis führt, das man sich erhofft hatte.

Betrachten wir einmal die Verluste, die eine Scheidung mit sich bringt.

Änderung des Lebensstils. In der Regel wird es finanziell schwieriger; zwei getrennt lebende Teile einer Familie versuchen jetzt, mit denselben Einkünften auszukommen, die ihnen vorher zur Verfügung standen. Man verliert außerdem einen Teil seiner persönlichen Lebensgeschichte, die man mit seiner Familie, seinen Freunden und Verwandten gestaltet hat – besonders, wenn man derjenige ist, der die Scheidung will.

Einsamkeit. Vielleicht sind Sie der Meinung, daß Ihre Ehe zur Zeit schwierig ist; aber wenn Sie die Scheidung beantragen und ausziehen, dann finden Sie sich möglicherweise in einem sehr einsamen Appartment wieder – in Gesellschaft eines Fernsehers.

Psychische Folgen. Bei Kaukasiern ist die Selbstmordrate unter Geschiedenen am höchsten.[26] Die Einsamkeit kann extrem quälend sein. Eine geschiedene Frau schrieb: »Nein, ich vermisse ihn nicht – aber ich vermisse jemanden. Und es ist niemand da. Wo finde ich in meinem Alter einen Mann mit Geist, Humor und Mitgefühl? . . . Ich fühle mich in der Lage, eine liebevolle, loyale, zuverlässige Partnerschaft aufzubauen – und trotzdem habe ich seit Monaten keine Verabredung mehr gehabt! Es *muß* doch jemanden für mich geben. Ich kann nur warten und hoffen.«[27]

Der Verlust Ihrer Kinder. Man kann sich von seinem Ehepartner trennen, aber niemals von seinem Kind. Vielleicht verlieren Sie nach einer Scheidung zeitweise oder für immer den Kontakt zu Ihren Kindern. Vielleicht nehmen Sie das zunächst kaum wahr, weil der Aufbau eines neuen Lebens Sie in Anspruch nimmt. Aber früher oder später bricht in einem Elternteil oder im Kind die tiefe Sehnsucht auf, mit dem eigenen Fleisch und Blut in Verbindung zu stehen. Selbst wenn Ihnen das Sorgerecht zugesprochen wurde, haben Sie Ihren Kindern durch die Scheidung einen ungeheuren Verlust zugefügt. Ihre Kinder werden niemals diese tiefe, grundlegende Einheit mit ihren beiden leiblichen Eltern erleben, und wahrscheinlich stehen sie aufgrund der neuen Situation vor ungeheuren Anpassungsschwierigkeiten.

Wir sind nach eingehender Betrachtung dieser Probleme fest davon überzeugt, daß viele Scheidungen bei Paaren mittleren Alters vermeidbar gewesen wären. Oftmals geben Partner sich selbst und ihre Ehe zu schnell auf.

Wenn Sie derjenige sind, der aus der Ehe ausbrechen will, dann möchten wir Sie ermutigen, noch 3 bis 5 Jahre bei Ihrem Partner zu bleiben. Leiden und kämpfen Sie nicht nur, sondern schlagen Sie eine ganz bestimmte Richtung ein, die es Ihrer Ehe ermöglicht, sich von einer Last in eine echte Kraftquelle zu verwandeln.

Eine Ehe wird neu

Er und sie waren ein attraktives Paar in den mittleren Jahren. Ich (Jim) hatte sie noch nie zuvor gesehen. Kaum saßen sie in meinem Büro, da platzte es auch schon sehr direkt aus ihnen heraus: Wenn ich ihnen nicht helfen könnte, gäbe es nur noch die Scheidung.

Sie erzählten mir, daß sie vor ihrer Ehe kaum voneinander lassen konnten. Stundenlang waren sie zusammen und hätten fast alles getan, nur um diese Stunden noch um ein paar Minuten zu verlängern. Und wenn sie heute in einem Bett lägen, dann wäre ihnen schon die kleinste unabsichtliche Berührung zuwider.

Ihre Kommunikation, ihre sexuelle Beziehung, ja selbst der alltäglichste Austausch waren vollkommen erstorben. Ihre Ehe war nichts als ein täglicher Wettkampf, wer die Belastungsprobe länger durchhalten würde.

Ich sprach mit Ihnen über zwei grundlegende Dinge. Zunächst wollte ich wissen, was sie vor Jahren so zueinander hingezogen hatte. Ich fand es interessant, zu beobachten, wie ihre Augen aufleuchteten und wie sie verschmitzt lächelten, als sie von ihren heimlichen Treffen und von der faszinierenden Anziehungskraft sprachen, die sie so zueinander hinzog.

Als nächstes ließ ich jeden von ihnen aussprechen, was sie heute so am anderen störte. Sie antworteten sich ge-

54

genseitig mit nicht geringer Überraschung: »Ach, das ist es, was dich stört?« - »Also, mir macht das gar nichts aus; deshalb habe ich auch nicht gemerkt, daß du dich darüber ärgern könntest.«

Das Problem war: Sie hatten vergessen, was sie so zueinander hingezogen hatte – und jetzt häuften sie Unstimmigkeiten zwischen sich auf, die einen immer größer werdenen Keil zwischen sie trieb. Sie kamen überein, einige kleine Veränderungen in ihren Gewohnheiten vorzunehmen und nach zwei Wochen wieder zu mir zu kommen.

Der Schlüssel zu einer verschlossenen Tür

Sie kamen zwar noch mit einigen Vorbehalten zurück, aber sie hatten auch einige Erfolge zu verzeichnen. Sie sahen den anderen nicht mehr in einem ganz so schlechten Licht wie zuvor.

Während der zweiten Sitzung gab ich ihnen noch mehr Gelegenheit, über das zu sprechen, was sie am anderen störte. Und diesmal kamen die wahren Probleme zum Vorschein.

Mir war aufgefallen, daß sie ihren Mann niemals für sich selbst sprechen ließ. Immer, wenn ich ihm eine Frage stellte, antwortete seine Frau. Er selbst kam nie dazu, über seine eigenen Gefühle zu sprechen oder sie auszudrücken.

Ich entschloß mich, ganz direkt zu sein, und sagte ihr, daß ich keine Antwort von ihr haben wollte, wenn ich ihren Mann etwas fragte. Als ich ihr das sagte, wurde er plötzlich zu einer neuen Person. Er kam aus seinem Schneckenhaus heraus und ging auf das Verhalten seiner Frau ein, wie er es seit Jahren nicht mehr getan hatte. Es war, als sei eine Tür zwischen beiden aufgestoßen worden.

Im Laufe der Sitzung keimte in mir der Verdacht, daß Les' Reisetätigkeit viel mehr war als nur eine Möglichkeit, Geld zu verdienen: Sein Beruf bot ihm die Chance, seiner Frau auszuweichen. Ich sah ihn an und teilte ihm diesen

Verdacht mit. Er wurde blaß. Sie schaltete sich sofort ein und sagte: »Um ehrlich zu sein, das habe ich auch schon immer gedacht.«

Jetzt war die Tür weit geöffnet für ein tiefes Gespräch; seine Motivation für seine Arbeit konnte überdacht werden; sie konnten die starken Kräfte ihrer Vergangenheit weiter ausbauen und einige negative Dinge des gegenwärtigen Lebens ausräumen.

Neu entfachte Liebe

Zwei Wochen später kamen sie wieder. Wir arbeiteten weiter an dem, was wir als grundlegende Probleme erkannt hatten. Dann bat ich sie, sich gegenseitig mindestens dreimal am Tag Bestätigung zu geben. Jeder sollte dem anderen danken und ihm seine Wertschätzung ausdrücken – nicht so sehr für das, was der andere tat, sondern für das, was er als Person bedeutete.

Nach ihrer sechsten Sitzung sah ich sie nicht wieder, bis wir uns einige Monate später zufällig bei einem Einkaufsbummel trafen. Sie schlenderten Arm in Arm und verhielten sich wie Jungvermählte, die sich kaum voneinander trennen können. Mit einem spitzbübischen Lächeln erzählten sie mir, daß sie sich wieder ineinander verliebt hatten. Acht Jahre später stellten sie mir ihren Sohn vor und sagten, ich sei dafür verantwortlich, daß ihre Ehe nicht zerbrochen war.

Sally und ich haben wirklich erlebt, wie eine ganze Reihe schlechter Ehen wieder neu wurden. Das gilt auch für Ihre Ehe! Denken Sie daran: Gott möchte, daß Ihre Ehe funktioniert.

Wie man sich wieder verliebt

Jemand hat gesagt, in den meisten Ehen gebe es drei Phasen: sich ineinander verlieben, sich nicht mehr lieben, sich wieder ineinander verlieben. Die letzte Phase ist die schwierigste, aber auch die lohnendste.[28]

Sich wieder ineinander zu verlieben, wird anders sein als das, was man dabei in der Jugend erlebt. Ein Paar in den mittleren Jahren muß daran arbeiten. Diese neue Beziehung wird tiefere Dimensionen und bleibendere Qualitäten haben als beim erstenmal, aber ihre Voraussetzungen sind eine tief verwurzelte Bindung aneinander und der Wille beider Partner, die Probleme wirklich in Angriff zu nehmen.

Zeit. Die erste Bedingung für die Erneuerung der Ehe ist Zeit. Und gerade dies ist schwierig in der Betriebsamkeit während der mittleren Jahre. In der Regel stellt der Beruf in dieser Phase die höchsten Anforderungen. Die Kinder werden zu Jugendlichen und benötigen Zeit und Aufmerksamkeit. Das öffentliche Leben nimmt die Eheleute in Anspruch. Privatleben ist fast unmöglich.

Sinnvolle Möglichkeiten

- Verbringen Sie ein Wochenende im Grünen oder besuchen Sie ein Eheseminar.
- Lesen Sie gemeinsam ein Buch.
- Besuchen Sie ein Restaurant und reden Sie miteinander bis spät in den Abend.

Manche Ehepaare nehmen den Mangel an Zeit als Vorwand, um nicht mehr an ihrer Ehe arbeiten zu müssen. In Wahrheit steckt vermutlich dahinter, daß sie *gar nicht mehr daran arbeiten wollen.*

Verpflichtung. Eine zweite unbedingte Notwendigkeit ist, daß sich beide Partner verpflichten, an der Erneuerung der Ehe zu arbeiten. Es muß beiden ein Anliegen sein, daß die Ehe heil wird, sonst wird sich nichts Grundlegendes ändern.

Zu allem Unglück kann es natürlich geschehen, daß einer der beiden die Hoffnung aufgegeben hat, weil er davon überzeugt ist, daß die Ehe nicht mehr zu retten ist; oder er glaubt, der Partner werde niemals seine Bedürfnisse erfüllen können. Manchmal ist es hilfreich, mit demjenigen der beiden zusammenzuarbeiten, der sich wirklich ernsthaft für eine Erneuerung seiner Ehe einsetzen will. So kann zumindest er damit beginnen, besser auf die Bedürfnisse des anderen Partners einzugehen. Diese Veränderungen machen dem zunächst unwilligen Partner oft Mut und erwecken in ihm die Bereitschaft, seinerseits an der Erneuerung seiner Ehe zu arbeiten.

Vergebung. Eine dritte entscheidende Größe für die Erneuerung der Ehe ist Vergebung. Die meisten Ehepaare geben zu, daß sie versagen, wenn es darum geht, etwas zu bekennen oder sich gegenseitig zu vergeben. Aber gerade Vergebung und Bekenntnis sollten keine Ausnahmefälle sein, sondern Alltäglichkeiten. Man kann davon ausgehen, daß es jeden Tag *irgend etwas* gibt, das wir bekennen müssen, und *irgend etwas*, das wir vergeben müssen.

Die Basis unseres Einander-Vergebens liegt nicht im Wert der anderen Person oder darin, daß wir selbst so hervorragende Menschen wären. Die Basis ist, daß Gott uns vergeben hat und daß wir deshalb *verpflichtet* sind, dem anderen zu vergeben. Wenn wir also das Vaterunser sprechen, dann sagen wir Gott: »Vergib mir in demselben Maße, wie ich bereit bin, dem anderen zu vergeben.«

Etwas in uns erfährt Befreiung, wenn wir jemandem vergeben. Wenn wir uns von Zorn und Feindschaft lossagen, dann erfahren wir eine innere Ruhe und tiefen Frieden. Mit unserer Vergebung geben wir die andere Person nicht nur frei, so daß sie heil werden kann, sondern wir lassen auch den in uns gärenden Zorn und die Feindschaft absterben, so daß wir frei werden von der Macht dieser Gefühle.

Vielleicht fragen wir jetzt: »Ich weiß, daß ich vergeben sollte, aber warum schaffe ich das nicht?« Es kann sein, daß wir nicht vergeben können, weil wir bis tief in unsere Persönlichkeit hinein verletzt worden sind. Vergebung erfordert wirklich, daß wir uns auf die Kraft Gottes stützen. Wenn wir sehr tief verletzt worden sind, dann müssen wir Gott diese Verletzung heilen lassen, damit wir fähig werden, zu vergeben.

Unterstützung. Eine vierte Größe für die Erneuerung der Ehe besteht darin, zu lernen, einander zu unterstützen und die Last des anderen mitzutragen.

Es gibt da eine alte Geschichte von einem Bauern und seiner Frau. Sie verabredeten ein Zeichen, mit dem sie sich gegenseitig zu verstehen gaben, wenn sie Ermutigung brauchten. Wenn der Mann eine Dosis ZLF (= zärtliche, liebevolle Fürsorge) brauchte, kam er in die Küche und warf seinen Hut auf den Tisch. Dies war das Zeichen für seine Frau, ihn zu ermutigen und zu stärken. Und wenn der Mann vom Feld kam und sah, daß seine Frau die Schürze um den Rücken gebunden hatte, war es das Zeichen für ihn, einen Teil ihrer Last mitzutragen.

Sicher ahnen Sie schon, was jetzt kommt . . .! Eines Tages schritt der Mann in die Küche und warf seinen Hut auf den Tisch – und sie hatte die Schürze um den Rücken gebunden. Wenn Mann und Frau gelernt haben, sich gegenseitig zu ermutigen und zu unterstützen - selbst, wenn beide zur selben Zeit Hilfe brauchen – dann können sie den anderen inmitten der eigenen Not in den Arm nehmen; sie können zusammen weinen und voneinander Kraft empfangen.

Liebe. Die letzte wichtige Größe für die Erneuerung der Ehe ist Liebe. Einen Menschen zu lieben bedeutet, daß wir ihn kennen müssen. Wir müssen wissen, wer er ist, was er braucht, und welche Ziele er verfolgt. Wir müssen wissen, auf welche Weise wir ihm unsere Liebe zeigen sollten, damit er spürt, daß er geliebt wird.

Einmal kam ein Unternehmer zu mir (Jim). Er war völlig ratlos, denn seine Frau hatte ihn verlassen, kurz nachdem er ihr ein Geburtstagsgeschenk überreicht hatte. Mitten am Tag war er in ihre neue Villa gekommen, die mit allen Schikanen ausgestattet war, mit dicken Teppichböden und einem Traum von Polstermöbeln. Er begrüßte seine Frau mit »Herzlichen Glückwunsch« und überreichte ihr die Schlüssel eines neuen Wagens. Als sie ihn verwirrt ansah, erklärte er ihr, dies seien die Schlüssel für den neuen Cadillac, den er ihr zum Geburtstag gekauft hatte. Sofort warf sie die Schlüssel auf den dicken neuen Teppich, stürmte die Treppe hinauf ins Schlafzimmer, packte ihre Sachen und verließ das Haus. Er konnte nicht verstehen, was geschehen war.

Nach ein paar Wochen war sie bereit, zusammen mit ihrem Mann in meine Sprechstunde zu kommen. Als sie sicher war, daß ich weder ihr Feind noch der Verbündete ihres Mannes war, brach sie ihrem Mann gegenüber in einen solchen Zorn aus, wie er es wohl noch nie zuvor erlebt hatte. Sie sagte: »Du hast mir unser Leben lang hunderttausend Dinge gekauft! Es waren immer Dinge, die du wolltest! Du hast dir nie die Mühe gemacht, mich als Person kennenzulernen. Es würde mir nichts ausmachen, in einem alten Haus zu wohnen und in einem klapprigen Auto zu fahren, wenn du dafür mehr Zeit mit mir verbringen würdest. Aber du hast so viel damit zu tun, alle Welt mit dem zu beeindrucken, was du mir kaufst, daß du überhaupt keine Zeit mehr für mich hast. Alles, was ich mir wünsche, ist, öfter mit dir zusammen zu sein!«

Es ist unmöglich, jemanden zu lieben, wenn wir seine Bedürfnisse nicht kennen. Wenn wir sie aber kennen, können wir mit unserem Leben dazu beitragen, diese Bedürfnisse zu stillen.

Freundschaft:
Der Schlüssel zu erfüllter Sexualität in der Ehe

Die Sexualtherapeuten Masters und Johnson konzentrieren sich, wenn sie einem Paar mit sexuellen Problemen helfen wollen, darauf, die emotionale Beziehung wiederherzustellen, bevor die physische Beziehung wieder aufgenommen wird. Das Paar kommt überein, auf gar keinen Fall Geschlechtsverkehr zu haben, bis sie es beide von ganzem Herzen wollen. Dadurch verlagert sich die Aufmerksamkeit auf den Aufbau ihrer Beziehung, indem sie gemeinsamen Interessen nachgehen, miteinander reden und sich berühren. Die Betonung liegt immer auf der Beziehung, nicht auf dem Geschlechtsverkehr. Diese Therapeuten haben herausgefunden, daß das sexuelle Interesse des Paares zurückkehrt, wenn die Vorstellung, Geschlechtsverkehr haben zu müssen, zurücktritt hinter den Aufbau der zwischenmenschlichen Beziehung.

Kapitel 5

»Das Leben beginnt mit Vierzig!«

»Wir sollten die mittleren Jahre als eine Zeit sehen, in der man eine zweite Blüte, ein zweites Wachstum, ja sogar eine zweite Jugend erlebt?«[29]

Es gibt drei typische Lebenseinstellungen für die mittleren Jahre.

Harald, der Hilflose, kennt nichts anderes als Hoffnungslosigkeit und Abscheu. Er ist voll unendlichen Mitleids für seine eigene Person, denn das Leben scheint ihm nichts als einen Berg von Schwierigkeiten zugedacht zu haben. Wenn Sie seine Geschichte hören, müssen Sie ihm zustimmen, daß das Leben wirklich hart für ihn ist.

Doris, die Durchhaltende, ist entschlossen, es mit einem grimmigen Lächeln zu ertragen. Sie ist keineswegs völlig verzweifelt, aber sie glaubt, daß sie in ihrem Leben niemals wirklich zum Zuge kommen wird. Doris sagt: »Ich stecke nun mal in dieser miesen Lage, ich hasse meinen Beruf, meine Ehe befriedigt mich nicht, und die Kinder gehorchen mir nicht.« Wenn man sie fragt, ob sie resigniert, sagt sie: »Nein – aber es wird immer so bleiben.« Sie hält einfach durch, bis sie stirbt.

Erwin, der Erwartungsvolle, hat sich dazu entschlossen, seine mittleren Jahre zu den besten seines Lebens zu machen. Das soll nicht heißen, daß er in seiner Jugend oder als junger Erwachsener nichts erreicht hätte – aber für ihn bedeutet jeder neue Lebensabschnitt die großartige Möglichkeit, Erfahrungen zu sammeln und zu einer reiferen Persönlichkeit zu werden. Er schaut zurück auf die Vergangenheit und sagt »Das war gut« oder »Das war schlecht«, und dann schließt er die Fragen an: »Welche Ziele verfolge ich von jetzt an?« und »Wie kann ich das Beste aus dem machen, was ich jetzt habe?« Erwin tut mehr als nur einfach überleben.

Wie Erwin, so kann jeder, der etwas von den mittleren Jahren seines Lebens erwartet, das Gute aus der Vergangenheit herausfiltern, neue Dimensionen für die Lebensmitte hinzufügen und zu einer noch reiferen, erfüllteren Persönlichkeit werden. Welche entscheidenden Schritte muß er zur Erreichung dieses Ziels unternehmen?

Träumen! Träumen! Und nochmals: Träumen!

Lassen Sie Tagträume zu – und genießen Sie sie! Tagträume sind nichts Negatives, sondern etwas Positives; sie sind eine Aktivität, die kreative Menschen einsetzen, um neue Gedanken und Ziele zu formulieren.

Wenn Sie tagträumen, erlauben Sie Ihren Gedanken, sich in die unterschiedlichsten Richtungen zu bewegen. Sie geben sich selbst damit die Möglichkeit, verschiedene Dinge neu miteinander zu kombinieren, Sie wägen verschiedene Alternativen ab, und sie erforschen neue Möglichkeiten. »Denkfabriken« oder Brainstorming sind Formen aktiver Tagträumerei, in der jeder beliebige auftauchende Gedanke ernstgenommen und berücksichtigt wird. Zu Beginn wird kein einziger Gedanke zurückgewiesen.

Stilles Nachdenken vor Gott ist auch eine Form positiven Träumens. Vor Gott denken Sie darüber nach, wer Sie sind, was Ihnen die Heilige Schrift bedeutet und wo Ihr Platz im Leben ist. Diese Offenheit hilft Ihnen, eine bessere Sicht der Vergangenheit und für die Zukunft mit ihren vielen verschiedenen Möglichkeiten zu bekommen.

Verschaffen Sie sich jeden Tag die Möglichkeit zum Tagträumen oder schöpferischen Nachdenken, indem Sie die Zeit für einen Spaziergang oder eine Radtour einplanen oder sich ein gemütliches Plätzchen in Ihrem Haus suchen, wohin Sie sich zurückziehen können, oder indem sie vor dem Einschlafen über den vergangenen Tag nachdenken.

Betonen Sie das Positive!

Wo liegen Ihre besonderen Fähigkeiten? Welche Begabungen haben Sie?

Schreiben Sie eine Liste. Ordnen Sie diese Liste nach Schwerpunkten, damit Ihnen bewußt wird, wo Ihre größten Fähigkeiten liegen.

Wenn Sie über Ihre Gaben und Fähigkeiten nachdenken, dann wählen Sie einen Schwerpunkt, der Konsequenzen hat bis in Ihre Umwelt hinein. In dem Maße, wie Sie nach Möglichkeiten suchen, anderen Menschen zu helfen, wird sich Ihre Persönlichkeit weiterentwickeln.

Ruth war eine ganz normale Frau in den mittleren Jahren, die sich wenig Gedanken machte über die großen sozialen Fragen, die die USA in den späten sechziger Jahren bewegten. Während eines Gottesdienstes wurde sie herausgefordert, darüber nachzudenken, wo ihre persönliche Aufgabe als Christ liegen könnte. Was könnte sie persönlich tun, damit die Welt um sie herum verändert würde? Sie begann zu beten, und sie bat Gott, ihr einen Weg zu zeigen.

Gott machte ihr die Armen der Stadt zum Anliegen. Ruth brachte ihnen Lebensmittel und Kleidung. Und sie hörte ihnen zu, wenn sie von ihrer Armut und dem erlittenen Unrecht erzählten. In den Slums hörte sie Berichte über Hauseigentümer, die unzumutbare Wohnungen in abbruchreifen Häusern vermieteten, und das zu Preisen, die z.T. über dem Mietspiegel von Wohnungen der Mittelklasse lagen.

Sie motivierte andere Mitglieder ihrer Kirche, für diese vergessenen Menschen zu beten, die doch nur ein paar Häuserblocks weiter lebten. Nun begann eine rege Tätigkeit: Jede Woche wurden Konserven und andere Lebensmittel in die Kirche gebracht. Ein Raum des Kirchengebäudes wurde zur Kleiderkammer; von dort aus wurde die Kleidung verteilt. Mit Erfolg beschafften Ruth und ihre

Freunde günstige Küchenutensilien und Möbel für die bedürftigen Familien.

Ruth, ihr Ehemann und ihre Mitarbeiter gingen zu den betrügerischen Hauseigentümern und wandten sich ebenfalls an den Stadtrat. Ihr Engagement zog Kreise. Andere Kirchen und Organisationen schlossen sich an. Weil eine Frau Gottes Ruf gehorchte, werden heute die Bedürfnisse der sozial Schwachen besser berücksichtigt.

Heute befinden *Sie* sich in einer entscheidenden Phase *Ihres* Lebens. Suchen Sie nach Ihren persönlichen Aufgaben, die die Welt um Sie herum verändern werden.

Wo ist das Ziel?

Der dritte Schritt zu persönlichem Wachstum besteht darin, Ziele zu setzen. Wahrscheinlich sind Ihre Ziele und Pläne zu Anfang kurzfristig, denn Sie haben verständlicherweise Angst, daß Sie sich verschätzen könnten. Und nicht zu vergessen: Ziele allgemeiner Art lassen sich nicht so gut anhand konkreter Ergebnisse überprüfen.

Als wir in unserer Gemeinde vor einigen Jahren eine Missionskonferenz abhielten, bat uns die Jugendgruppe, etwas über unsere Reisen nach Übersee zu erzählen. Die Jugendgruppe bestand aus typischen, gelangweilten Teenagern, die noch ganz von den inneren Kämpfen ihrer Persönlichkeitsfindung und ihrer sich entwickelnden Sexualität in Anspruch genommen waren. Würden wir sie motivieren können?

Wir sprachen über die Bedürfnisse bestimmter Länder, in denen wir gewesen waren. Dann sagte ich (Jim): »Ihr jungen Leute wißt mehr über die Bibel als viele Männer, die in Übersee als Gemeindeleiter arbeiten.« Sie waren sprachlos. Ich schlug ihnen vor: »Warum fahrt ihr nicht in den Sommerferien in eines dieser Länder und helft einigen dieser Menschen? Ihr könntet von Tür zu Tür gehen und von eurem Glauben erzählen. Wie wäre es, wenn ihr in verschiedenen Missionsprojekten mitarbeiten würdet?«

Sie bestürmten mich mit Fragen. Ging das denn überhaupt? Würden sie das wirklich schaffen? »Ja«, sagte ich ihnen, »man kann vieles schaffen, wenn man weiß, was man will, und sich dann mit kleinen Schritten an dieses Ziel heranarbeitet.«

Sie nahmen den Vorschlag an. Eineinhalb Jahre arbeiteten sie an den Vorbereitungen. Sie befaßten sich intensiv mit der theologischen Grundlage ihres Glaubens, damit sie in der Lage waren, Fragen zu beantworten. Sie lernten, wie man mit Missionaren zusammenarbeiten kann und was für diese Arbeit besonders wichtig ist. Sie lernten viel über Venezuela, das Land ihrer Wahl. Sie lernten Spanisch und spanische Lieder. Überhaupt sangen sie zum erstenmal als Gruppe. Einige von ihnen lernten Gitarrespielen. Sie schrieben ein Schauspiel und lernten die Rollen in Englisch und Spanisch auswendig. Sie begannen, zu beten. Sie brachten Geld zusammmen, und sie vertrauten Gott.

Wir verbrachten mit ihnen einen Monat in Venezuela. In zwein der Städte, die wir besuchten, gingen wir von Haus zu Haus und erzählten von Jesus Christus. In beiden Städten entstanden Bibelkreise. In einer anderen Stadt besuchten wir die Menschen in Hochhaus-Appartements. Auch hier entstand geistliches Leben. Wir sangen auf öffentlichen Plätzen, führten unser Schauspiel auf und zeigten christliche Filme.

Das Ergebnis? Ungefähr hundert Menschen kamen zum Glauben an Jesus Christus. An verschiedenen Orten wurden kleine Bibelkreise ins Leben gerufen. Es wurden zwei Arbeitseinsätze durchgeführt. Aber der größte Gewinn lag im geistlichen Wachstum jener Teenager. Ohne konkrete Ziele wäre das alles nie erreicht worden.

Gehen Sie bei Ihren Zielen von dem aus, was Sie als Person sind und von den Ansichten, die Sie vertreten. Ein guter Prüfstein sind die folgenden Fragen: »Wenn ich irgendetwas in der Welt tun könnte, um Menschen zu dienen, was würde ich tun?« Oder: »Was ist mir besonders wichtig? Was finde ich besonders schlimm? Was würde ich gerne ändern, wenn ich könnte? Was würde ich gerne für andere Menschen tun?«

Ihre Antworten zu diesen Fragen werden Ihnen einige Klarheit verschaffen. Setzen Sie sich ein paar Ziele, die Sie in diese Richtung führen.

Neue Abenteuer

Ein vierter Schritt zu Ihrem persönlichen Wachstum ist die Suche nach neuen Abenteuern. Warum nicht . . .

- Ihre Mal- und Zeichenkünste ausbauen?
- einen Artikel für eine Zeitschrift schreiben?
- ein Instrument erlernen?
- ein Konzert Ihres Traum-Orchesters besuchen?
- ernsthaft Fotografie betreiben?
- mit dem Fahrrad durch Europa reisen?
- Fliegen lernen?
- ein bedeutendes Sportereignis besuchen?
- einen außergewöhnlichen Gottesdienst besuchen?
- Tauchen lernen?
- einen Abenteuer-Urlaub machen?
- Muscheln suchen?
- Segeln lernen?
- ein Bergwerk besuchen?
- zelten?
- einen Fortbildungskursus besuchen?
- an einer Schule für Blinde arbeiten?
- eine Woche lang einen Missionar zu Gast haben?
- Schöffe werden?
- ihrem Abgeordneten einen Brief schreiben?
- ein Rehabilitationszentrum für Alkoholiker besuchen?

- ein Straßenfest mit der Nachbarschaft organisieren?
- ein paar Nachbarn einladen, die Sie noch nie eingeladen haben?
- ein Altersheim besuchen?

Die Liste der Möglichkeiten ist unendlich. Setzen Sie sich verschiedenen Seiten des Leben aus, die nicht automatisch auf Ihrem Weg liegen. Lernen Sie Menschen aus verschiedenen Ländern und Kulturen kennen, die in Ihrer Stadt leben. Denken Sie daran: Jedes große Ereignis in Ihrem Leben verändert Sie. All diese neuen Unternehmungen helfen Ihnen, sich in den mittleren Jahren weiterzuentwickeln.

Bilden Sie sich weiter!

Ein fünfter Schritt, den Sie vielleicht in Erwägung ziehen könnten, wäre, noch einmal »die Schulbank zu drücken«. Eine Vielzahl von Institutionen bietet Ihnen Fortbildungsmöglichkeiten an, die auf den Zeitplan eines Berufstätigen abgestimmt sind.

Manche Männer und Frauen besuchen Kurse, die für ihren Beruf wichtig sind. Andere möchten einen für sie ganz neuen Bereich kennenlernen; sie möchten handwerkliche Fähigkeiten erwerben, Autoreparaturen durchführen können, Bildhauerei betreiben oder ihre Stimme schulen lassen. Sicher gibt es auch in Ihrer Stadt Einrichtungen, die solche Kurse anbieten.

Anderen Menschen ist es wichtig, mehr für die inneren Werte zu tun. Die meisten Kirchen bieten Bibelkreise an, in denen sich Menschen treffen, die geistlich wachsen möchten. Es gibt auch andere Organisationen, die unter Umständen hilfreiche Kurse zur Persönlichkeitsentwicklung anbieten. Lesen Sie Bücher! Vielleicht gründen Sie einen Literaturkreis, in dem Sie sich über das von allen Gelesene austauschen.

Wie ist Ihr Gedächtnis?

Im allgemeinen klagen Menschen in den mittleren Jahren über Vergeßlichkeit, obwohl Studien zeigen, daß das Langzeitgedächtnis kaum nachläßt. Was die meisten Menschen so irritiert, ist die Tatsache, daß sie Dinge verlegen - sie wissen nach fünf Minuten nicht mehr, wo sie den Gegenstand hingelegt haben. Soweit man weiß, hat dies aber nichts zu tun mit der Funktionstüchtigkeit der Gehirnzellen; es scheint vielmehr mit den Erwartungen eines Menschen an sich selbst zusammenzuhängen. »Schätzungsweise nur 10 Prozent unserer Gehirnzellen sterben im Laufe eines langen Lebens ab. Man hat vielmehr Angst, man sei zu alt, um neue knifflige Dinge zu lernen; diese Angst ist es, die einen lähmt, und nicht ein Defizit in der Leistungsfähigkeit des Gehirns.«[30]

Die »physische Verpackung«

Eine weitere Hilfe zur Entwicklung ihrer Persönlichkeit liegt darin, daß Sie etwas für Ihren Körper tun. Sie sind ein »Paket« aus drei Bestandteilen: dem Physischen, dem Psychischen und dem Geistigen. Wenn Sie Ihren Körper vernachlässigen, dann hat das auch psychische und geistige Folgen.

Schlaf. Sorgen Sie für genügend Schlaf. Jeder Mensch hat in dieser Hinsicht sein eigenes Maß. Manchmal sind Männer und Frauen zwischen Anfang zwanzig und Mitte dreißig so beschäftigt gewesen, daß sie zugunsten von noch mehr Aktivität ihren Schlaf verkürzten. Gönnen Sie sich jeden Tag eine zusätzliche halbe Stunde Schlaf. Wenn Sie merken, daß Sie das Leben dann gelassener sehen, ist dies ein deutliches Zeichen dafür, daß Ihr Körper diesen zusätzlichen Schlaf braucht.

Ernährung. Eine ausgewogene Ernährung ist für den Körper von großer Bedeutung. Oft ißt die Frau in den mittleren Jahren eine unausgewogene Diät, wenn sie versucht, überflüssige Pfunde zu verlieren. Dadurch können Mangelerscheinungen in Form von physischen und psychischen Reaktionen auftreten, wie etwa Erschöpfung, Depressionen und Antriebsschwäche.

Wichtig ist, daß man sich genügend über Ernährung informiert und dadurch lernt, welche Diät man anwenden sollte, um körperlich und seelisch gesund zu bleiben. Wählen Sie Informationslektüre, die objektiv sachlich fundiert und erprobt ist. Nutzen Sie Ihre Willenskraft und Ihren gesunden Menschenverstand! Vermeiden Sie »Modediäten« und nicht erprobte »Rezepte«.

Sport. Sorgen Sie jeden Tag für genügend körperliche Bewegung. Die Tatsache, daß Sie nach einem arbeitsreichen Tag im Büro oder nach Ihren täglichen Aufgaben als Hausfrau und Mutter müde sind, sagt noch nichts darüber aus, daß Sie auch genügend körperliche Betätigung gehabt haben.

Genügend körperliche Betätigung heißt: ca. 20 Minuten täglich Training für Herz und Lungen. Dabei sollen so viel Muskeln und Gelenke wie möglich beansprucht werden. Es spielt keine Rolle, welche Sportart Sie zu diesem Zweck betreiben; und Sie sollten es mindestens dreimal pro Woche tun. Suchen Sie sich einen Sport aus, der Ihnen Spaß macht - Radfahren, Jogging, Schwimmen, ein eigenes Programm oder Sport im Fitness-Center. Ein strammer Spaziergang oder ein begeisterndes sexuelles Erlebnis mit Ihrem Ehepartner werden Ihnen ebenfalls körperlich guttun.

Ausgewogene körperliche Betätigung

- erhält Ihnen Ihre Muskelkraft und reguliert Ihr Gewicht
- hilft Ihnen, körperlichen Streß besser zu ertragen; Sie werden belastbarer und schlaffen nicht mehr so schnell ab
- reguliert Ihren Stoffwechsel – dadurch werden Sie auch besser mit emotionalem Streß fertig
- hilft Ihnen, aus dem Teufelskreis der Depression auszubrechen.

Zu guter Letzt

Am Anfang des Buches haben wir Ihnen kurz über Sallys Midlife-Krise berichtet. Natürlich wollen wir Sie über den Ausgang nicht im Ungewissen lassen! Wir möchten, daß Sie sehen, welches Wachstum diese Krise für Sallys persönliches Leben brachte. Ein Ergebnis war, daß Sally zum College ging, um ihre letzten beiden Ausbildungsjahre nachzuholen, und zwar zu einer Zeit, als dies für Frauen ihres Alters noch sehr ungewöhnlich war.

Während dieser zwei Jahre wuchs Sallys Interesse am Schreiben. Sie nahm an Seminaren über Schriftstellerei teil und entwickelte sich zu einer Autorin mit Geist und Humor. Eines ihrer witzigen Werke war ein Brief an den Kanzler der Universität von Illinois. Sie verfaßte ihn in den frühen siebziger Jahren, als Studentenunruhen an der Tagesordnung waren und Minderheiten ihr Recht forderten. Sallys Eingabe war: gleiches Recht für eine 141köpfige Minderheit unter den insgesamt 35.000 (!) Studenten - nämlich für die der über 35jährigen. Außerdem forderte sie Seminare zu den Themen: »Mit seinen Teenagern leben«, »Vom Umgang mit seinen altwerdenden Eltern«, »Mit den Wechseljahren fertigwerden« und »Pläne für das Rentnerdasein«.

Wir entdeckten eine humorvolle Seite an Sally, die uns bis dahin völlig unbekannt war.

Sally bestand ihr Examen zur gleichen Zeit, als unsere älteste Tochter ihren High-School-Abschluß machte. Die ganze Familie ging zur Schlußfeier, und wir winkten Sally voller Stolz zu, als wir sie in ihrer Universitätstracht sahen. Sally hatte mit dem Examen in Grundschulpädagogik abgeschlossen, aber ihr Schwerpunkt lag darauf, Kindern mit Leseschwäche zu helfen. Sally bekam eine entsprechende Stelle in einer nahegelegenen Schule angeboten; sie gab Förderunterricht für Legastheniker. Aber sie half ihnen auch, ein positives Selbstbild zu bekommen. Einige dieser ehemaligen Schüler schreiben ihr immer noch jedes Jahr zu Weihnachten und bedanken sich bei Sally für das, was sie ihnen für ihr persönliches Leben mitgegeben hat.

Sally war die engste Mitarbeiterin bei all meinen Artikeln und bei meinem ersten Buch. 1979 schrieb sie selbst ihr erstes größeres Buch, eine Antwort auf Hunderte von Briefen, die uns Ehefrauen schickten, deren Männer in der Midlife-Krise waren. Schon bald mußte Sally landesweit Vorträge in Arbeitskreisen und bei Konferenzen halten. Sie sprach in Radio und Fernsehen. Ihr Einfluß ging weit über unsere Umgebung hinaus. Im selben Jahr, als ihr Buch erschien, begann Sally, Entwicklungspsychologie zu studieren. Heute unterrichtet sie selbst in diesem Fach.

Sallys Midlife-Krise hat sie verändert. Sie ist positiver, selbstbewußter und zielstrebiger geworden – gleichzeitig hat sie ein viel größeres Bewußtsein für die seelischen Verwundungen vieler Menschen bekommen. Sie ist sensibler geworden. Sie tritt viel schneller für Menschen ein, die ausgenutzt oder mißverstanden werden.

In ihrem Leben hat sich das Wort des Psalmisten erfüllt: »Wer ist der Mann, der [die Frau, die] den Herrn fürchtet? Er wird ihm [ihr] den Weg weisen, den er [sie] wählen soll. Er [sie] wird im Guten wohnen, und sein [ihr] Geschlecht wird das Land besitzen« (Psalm 25,12.13).

Ein Nachtrag:

Fünf Schritte für einen kreativen Ruhestand

Im Midlife beginnt man, sich Gedanken über den Lebensstil und die Aktivitäten in späteren Jahren zu machen. Wenn möglich, sollte sich kein Mensch »zur Ruhe setzen«. Dazu muß man sich aber vorher überlegen, wie man den notwendigen Übergang vom Arbeitsleben zum »aktiven Ruhestand« gestaltet.

1. *Wohnort.* Jemand, der seinen Eltern geholfen hat, die praktischen Dinge des Ruhestandes zu planen, wird dadurch auch eine Basis für seine eigenen Entscheidungen haben. Bedacht werden sollte nicht nur der Wohnort, sondern auch die Art der Wohnung oder des Hauses.

Eine kreative Lösung könnte darin bestehen, zusammen mit einigen Freunden ein Haus mit mehreren Wohnungen zu mieten oder zu kaufen. Dadurch würden nicht zuletzt auch die Lebenshaltungskosten reduziert.

Das kleine Dorf, das mein (Jims) Vater in Florida gründete, ist ein gutes Beispiel für einen kreativen Ruhestand. Wir ziehen meinen Vater immer damit auf, daß die Menschen dort viel härter arbeiten müssen, als wenn sie in ihren eigenen Häusern geblieben wären. Es besteht nämlich die unausgesprochene Erwartung, daß jeder, der dort lebt, auch arbeitet – beim Bau von neuen Appartements, in den Gartenanlagen, bei Malerarbeiten, im Straßen- und Wegebau und beim Einzug neuer Einwohner. In so einem expandierenden Projekt gibt es immer Arbeit; dies hilft den Menschen, sich bewußt zu werden, daß sie weiterhin wichtig sind und etwas leisten können.

2. *Lebensstil.* Er muß bei der Wahl des Wohnorts und der Wohnung berücksichtigt werden. Er muß auch erwogen werden in bezug auf ein eigenes Auto, Freizeitaktivitäten

und Reisen. Wenn sich ein Ehepaar vornimmt, in der Zeit des aktiven Ruhestands viel zu reisen, ein komfortables Auto zu fahren und eine schicke Wohnung zu mieten, muß man schon Jahre vorher darauf hinarbeiten, sich diesen aufwendigeren Lebensstil leisten zu können. Wenn sich ein Ehepaar zu einem einfacheren Lebensstil entschließt, müssen sich beide schon vor der Pensionierung an diesen Lebensstil gewöhnen, und nicht erst, wenn es aktuell wird!

3. *Geld.* Die Finanzen haben große Bedeutung, und umsichtige Planung in den mittleren Jahren ist entscheidend. Je nach angestrebtem Lebensstil müssen die Ersparnisse, Geldanlagen, zu erwartende Renten und andere soziale Leistungen bedacht werden. Die voraussichtlich zur Verfügung stehenden Mittel sollten unter Berücksichtigung der Inflationsrate realistisch gesehen werden.

4. *Arbeit.* Sie sollte nicht unter »ferner liefen«, sondern als fester Bestandteil der Langzeit-Planung betrachtet werden. Dabei muß nicht der Gedanke an eine zusätzliche Geldquelle vorrangig sein; jeder sollte vielmehr weiterhin einen sinnvollen Beitrag für die Gesellschaft leisten.

Ältere Menschen wurden gefragt: »Wenn Sie so viel Geld erbten, daß Sie für den Rest Ihres Lebens ausgesorgt hätten – würden Sie dann trotzdem noch arbeiten wollen?« Die Antwort war ein einstimmiges »Ja«.[31]

5. Jedes Ehepaar sollte ein *Programm der kleinen Schritte* entwickeln, das zum Ziel führt. Man könnte einen Teil seiner Ferien nutzen, um sich in bestimmten Gebieten umzusehen. Man könnte mit Freunden einen gemeinsamen Fonds für spätere Jahre anlegen. Vielleicht ist es sinnvoll, sein Geld neu anzulegen. Oder man macht eine Fortbildung, die man für den aktiven Ruhestand nutzen kann. Kinder und ihre Familien sollten in die Langzeitplanung eingeschlossen werden, damit regelmäßiger Kontakt und Austausch bestehen bleiben.

Man muß auch erwägen, was im Falle des plötzlichen Todes eines Ehepartners zu tun ist. Welche Schritte wird die Ehefrau unternehmen, falls ihr Mann eher stirbt als sie (was nach den Statistiken wahrscheinlich ist)? Welchen Einfluß haben diese Überlegungen auf den Vorruhestand, und welchen speziellen Weg kann man einschlagen?

Alle diese Pläne für den aktiven Ruhestand können sich im Laufe der Jahre ändern, aber ohne jegliche Vorsorge treibt man unvorbereitet auf die Pensionierung zu, und – möglicherweise - auf ein frustrierendes Chaos!

ANMERKUNGEN

[1] Thomas A. Desmond, in: New York Times Magazine 29. Juli 1956
[2] Gail Sheehy, Passages. New York 1976, 378-383
[3] Nach Jack Weinberg, in: Peter Chew, The Inner World of the Middle-Aged Man, New York 1976,7
[4] Keith W. Sehnert, Stress/Unstress. Minneapolis 1981, 74-75
[5] Bei Chew 113
[6] Joel und Lois Davitz, Making It from Forty to Fifty. New York 1976,
[7] Chew 138
[8] Bernice und Morton Hunt, Prime Time. New York 1975, 26
[9] Anne W. Simon, The New Years: A New Middle Age. New York 1968, 167-168
[10] Ellen Frank und Sondra Forsyth Enos in: Ladies Home Journal, Februar 1983, 72-73
[11] Zit. bei Alice Fleming in »Six Myths about Extramarital Affairs«, Readers' Digest, Oktober 1982, 67
[12] Alan McGinnis, The Romance Factor. San Francisco 1982, 153-155
[13] Maggie Scarf, »Husbands in Crisis«, McCall's, Juni 1972, 76
[14] Davitz 59
[15] ebd. 61-62
[16] Edmund Bergler, The Revolt of the Middle-Aged Man. New York 1954, 75
[17] David R. Mace, Success in Marriage. Nashville 1958, 88
[18] Chuck Girard, »Slow Down«, (c) 1974 Dunamis Music
[19] Chew 211
[20] Joan Israel in: Looking Ahead, ed. Englewood Cliffs, NJ 1977, 66
[21] Sandra E. Gibbs Candy in: Looking Ahead 108 22 ebd. 107
[23] B. C. Rollins und K. L. Cannon in: Journal of Marriage and the Family, Mai 1974, 271
[24] David L. Cohn, Love in America. New York 1943, 86
[25] Robert Lee und Marjorie Casebier, The Spouse Gap. Nashville 1971, 31-32
[26] ebd. 175
[27] Morton Hunt, The Affair. New York 1969, 253
[28] Daniel Goldstine, The Dance-Away Lover. New York 1977
[29] Barbara R. Fried, The Middle-Age Crisis. New York 1967, 8
[30] Bernice und Morton Hunt, Prime Time, 38
[31] Simon 72-73

Zur weiteren Lektüre

Michael Dieterich, Depressionen. Hilfen aus biblischer und psychotherapeutischer Sicht. ABCteam Paperback 377. Brunnen Verlag Gießen

Richard Foster, Nachfolge feiern. Geistliche Übungen – neu entdeckt. ABCteam Taschenbuch 3268. Oncken Verlag Wuppertal und Kassel

Richard Foster, Leben mit leichtem Gepäck. ABCteam Paperback 353. Oncken Verlag Wuppertal und Kassel

Richard Foster, Geld, Sex und Macht. Die Realitäten unseres Lebens unter der Herrschaft Christi. ABCteam Paperback 387. Oncken Verlag Wuppertal und Kassel

Michiaki und Hildegard Horie, Umgang mit der Angst. R. Brockhaus Taschenbuch 388

Michiaki und Hildegard Horie, Verstanden werden und verstehen. R. Brockhaus Taschenbuch 416

Pat King, Geschafft. Wie Frauen mit Belastungen fertig werden. ABCteam Taschenbuch 3322. Oncken Verlag Wuppertal und Kassel

Anne Morrow Lindbergh, Muscheln in meiner Hand. Serie Piper 425. München-Zürich

Eugenia Price, Laß dich los. Von der Selbstannahme zur Geborgenheit. ABCteam Taschenbuch 3269. Oncken Verlag Wuppertal und Kassel

Reinhold Ruthe, Duett statt Duell. Konkrete Schritte zu einer harmonischen Ehe. ABCteam Paperback 303. R. Brockhaus Verlag Wuppertal und Zürich

Ingrid Trobisch, Allein leben lernen. ABCteam Paperback 359. R. Brockhaus Verlag Wuppertal und Zürich

Pat King

Geschafft

Wie Frauen mit Belastungen fertig werden

112 Seiten, ABCteam-Taschenbuch, Bestell-Nr. 13 322

Die Autorin, Mutter von zehn Kindern und Referentin auf christlichen Veranstaltungen, schrieb dieses Buch für übermüdete und überlastete Frauen, die sich durch die vielen Anforderungen kraftlos fühlen. Dabei erzählt sie auch von vielen berufstätigen Frauen, die in einer ähnlichen Lage waren.
Sie selbst beschloß, nicht mehr automatisch alles für ihre Familie zu tun, sondern erst zu überlegen: Ist das jetzt wirklich nötig? Bin ich die einzige, die es tun kann? Tue ich es nur, damit ich hinterher kein schlechtes Gewissen habe, obwohl ich genau weiß, daß ich mit meiner Kraft am Ende bin und daß es jemand anderes genausogut erledigten könnte?
Anschließend machte Pat King die Erfahrung, daß sie für die wichtigen Dinge tatsächlich genug Energie und Zeit hatte.

Jennifer Rees-Larcombe

Liebe braucht Hände

Vom Helfen und Sich-helfen-Lassen

ca. 200 Seiten, ABCteam-Taschenbuch, Bestell-Nr. 13 366

Die Autorin, Mutter von 6 Kindern und Verfasserin mehrerer Bücher, möchte »ganz normale Christen« ermutigen, sich von Gott gebrauchen zu lassen. Jennifer Rees-Larcombe ist aufgrund einer schweren Krankheit an den Rollstuhl gefesselt. Neben ihren persönlichen Erfahrungen gibt sie eigens für dieses Buch zusammengestellte Berichte anderer Christen wieder. Humorvoll und warmherzig geht die Autorin auf die verschiedensten Bedenken ein, die nur zu leicht vorgebracht werden, um sich dem Auftrag Gottes zu entziehen. Darüber hinaus ist ihr wichtig: Kümmert euch um die, die sich um andere kümmern – und vergeßt über eurem Engagement nicht die eigene Familie!

ONCKEN VERLAG WUPPERTAL UND KASSEL

Ruth Flensburg

Pardon – ich komme wohl etwas überraschend

Ein freudiges Ereignis

80 Seiten, ABCteam-Paperback, Bestell-Nr. 12 318

»Vormittags Fläschchen, mittags Euklid und abends das Wesen
der Demokratie in den Dramen Shakespeares, dazwischen vielleicht noch ›Hänschen klein‹ und ›Hoppe, hoppe Reiter‹ . . .«
Eine nicht mehr ganz junge Mutter muß sich, ihren Mann und
die fast erwachsenen Kinder mit der Tatsache vertraut machen,
daß es mit der Familienplanung nicht geklappt hat: Ein Baby
meldet sich an. Die verschiedenen Phasen – vom ersten Schrek-
ken, den erstaunlichen Reaktionen der Jugendlichen, der Verwandten und Nachbarn bis zur Ausfahrt des Kleinen, dem Gang
zur Schule (fragende Blicke: Ist das die Oma?) – werden hier nicht
konstruiert. Nachdem sich die Mutter gefaßt und die Situation
mit Realismus, Humor und Vertrauen bewältigt hat, erzählt sie,
wie das gewesen ist, als sie in der Arztpraxis vor der Alternative
stand: Kind oder der gerade wieder in greifbare Nähe gerückte
geliebte Beruf; wie sich der Ehemann verhält, wie sie selbst in die
neue Situation hineinfindet.

M. Ellen Ton

Ich komme nach Hause, Mutter

80 Seiten, ABCteam-Taschenbuch, Bestell-Nr. 13 302

Eine Mutter ist mit ihrer Tochter unzufrieden. Sie kleidet sich anders, als die Mutter es will, sie geht auf Feste, die der Mutter
nicht gefallen, sie hat einen Freund, der der Mutter nicht zusagt,
sie verkehrt in Kreisen, die der Mutter gefährlich erscheinen, sie
geht nicht mehr zur Gemeinde, spricht nicht mehr mit den Eltern und Geschwistern und will von zu Hause fort. Begründung
der Tochter: Die Mutter versteht mich nicht, sie sieht alle so eng
und übertreibt alles.
Eine Geschichte, die uns auch angeht? Bestimmt! Wenn der Ge-
nerationenkonflikt vielleicht in unserer Familie etwas anders
aussehen mag, so ist er auf seine Weise doch vorhanden. Und
wenn es hart auf hart kommt – wissen wir dann, was wir machen
sollen?

ONCKEN VERLAG WUPPERTAL UND KASSEL